U0948005

千古奇战系列

一鼓作气

长勺之战

姜正成◎主编

中国财富出版社

图书在版编目（CIP）数据

一鼓作气：长勺之战/姜正成主编. —北京：中国财富出版社，2015.7

（千古奇战系列）

ISBN 978-7-5047-5707-4

Ⅰ.①一…　Ⅱ.①姜…　Ⅲ.①长勺战争（前684）-史料　Ⅳ.①K225.06

中国版本图书馆CIP数据核字（2015）第100286号

策划编辑	杨　曦	**责任印制**	方朋远
责任编辑	白　昕　杨　曦	**责任校对**	杨小静

出版发行	中国财富出版社		
社　　址	北京市丰台区南四环西路188号5区20楼	**邮政编码**	100070
电　　话	010-52227568（发行部）		010-52227588转307（总编室）
	010-68589540（读者服务部）		010-52227588转305（质检部）
网　　址	http://www.cfpress.com.cn		
经　　销	新华书店		
印　　刷	北京晨旭印刷厂		
书　　号	ISBN 978-7-5047-5707-4/K·0181		
开　　本	640mm×960mm　1/16	**版　　次**	2015年7月第1版
印　　张	17	**印　　次**	2015年7月第1次印刷
字　　数	212千字	**定　　价**	38.00元

前言 QIAN YAN

周庄王十三年（前684年），齐国和鲁国发生了纠纷。当时齐桓公刚刚即位，很想建立一番霸业，于是发兵攻鲁，当时齐强鲁弱，两军在长勺（今山东曲阜市北，一说莱芜东北）相遇。

鲁国有个叫曹刿的人，他深具谋略，虽然只是一个普通百姓，但他很关心国家兴亡，听说齐军大兵压境，十分着急，就自告奋勇，请随鲁庄公出战。经过一番交谈，曹刿获得了鲁庄公的信任，便乘上兵车，奔赴长勺。

长勺战场上，齐鲁两军严阵以待。齐国的鲍叔牙因为曾经在乾时之战中打败过鲁军，所以这次根本不把鲁军放在眼里。他求胜心切，两军刚一接触，便下令擂鼓进攻。鲁庄公听到齐军鼓声震天，沉不住气了，也同意下令擂鼓冲锋。曹刿却示意按兵不动。齐军如此击鼓三次，士气已大不如前。鲁军才一鼓作气地攻过去，齐军大败而逃。

这就是历史上有名的长勺之战。曹刿关于战争的理论是很高明的。他认为要打赢一场战争，必须拥有民心，在战争中要善于把握时机，控制节奏，牢牢抓住战争的主动权。

长勺之战只是齐鲁两国长期斗争中的一个小篇章。我们知道，今

天的山东省被称为齐鲁大地，是因为在春秋时期，山东北部为齐，南部为鲁。

当年周武王灭商以后，分封宗亲功臣，周公（姬旦，周文王第四子，曾辅助周武王灭商，被尊为儒学奠基人）被封在鲁国。由于周公要辅佐年幼的成王，无法前往，便让自己的儿子伯禽治理鲁国。伯禽临走时，周公告诫他说："我是文王之子，武王之弟，成王之叔，我在天下来讲也是不贱（卑贱）的了。但是我一沐三握发，一饭三吐哺，起来接待士人，这样还犹恐因怠慢失去天下的贤人。你到了鲁国，一定不要因为是国君而骄傲地对待他人。"

周公死后，周成王就授权鲁国可以祭祀周文王。这样，鲁国就有了天子的礼乐班子，这是为了褒奖周公之德的。鲁国虽说不很强大，但它对周朝礼乐文明的继承是最深的，因为这是伟大的周公的封地。

齐国是姜尚（姜太公）的封地，这里东临大海，有鱼盐之利，人民善于经商，经过多年经营，富甲一方。姜尚和周公有时也交流一下治理经验。一天，姜尚问："周公啊，你怎么治理鲁？"周公回答说："尊尊亲亲。"姜尚说："鲁从此衰矣。"（后来鲁国果然衰落，长期被齐欺负）周公接着问："那么你怎么治理齐？"姜尚说："举贤而尚功。"周公说："齐后必有劫杀之君。"（后来齐国果然发生田氏代齐的事件，国祚遂绝）

齐国在春秋前期相对而言比较强大，到了齐桓公时代，更是九合诸侯，成为中原霸主。而鲁国相对弱小，鲁庄公还是齐桓公的外甥，国事经常受到齐国的操控。但鲁国作为一个老牌的姬姓国，头顶着光荣的历史，它对周朝礼乐文化保存得最完整，这一点也被诸侯认可。齐国即使在欺负鲁国时，也要给它一些情面。

本书讲述的就是春秋前期的齐鲁斗争史，以及齐桓公的争霸史，读来颇有趣味，希望能得到读者的肯定。

目录

CONTENTS

第一章　襄公小霸，齐国内乱

周庄王十一年（前686年），郧国在齐国和鲁国的联军攻击下投降。至此，齐襄公的霸业达到了一个新的高度，只要他能够会盟诸侯，就足以成为一方霸主。

第二章　齐鲁争锋，管仲相齐

乾时之战是齐桓公即位之后的第一战，处于守势的齐军在自己的国土上打败了来犯的鲁军，并顺势占领了鲁国北部边防重填汶阳，这一仗打出了齐国的威风，巩固了齐桓公的统治，可以说，乾时之战拉开了齐桓公称霸诸侯的序幕。

第三章　长勺之战，鲁师败绩

曹刿一番话说得鲁庄公心悦诚服，点头称是，越发感觉曹刿是个不可多得的人才，于是想任命曹刿为大夫，但是曹刿对大夫这个官衔并不感兴趣，鲁庄公虽感惋惜，却也不强迫他为官，赐予了大片土地给曹刿作为食邑。

第四章 统一战线，峥嵘初显

齐桓公打着“尊王”的旗号，足足折腾了十几年，“盟主”称号也叫得滥了，这却是首次获得周王室的正式承认。到今日方称得上是上应天时，下顺民心，四野归服，整个黄河下游地区的大小诸侯国，在齐国“尊王”旗帜下，结成了一个庞大的集团。齐桓公也才真正成为名副其实的中原霸主。

第五章　尊王攘夷，成就霸业

齐桓公的兴霸大志早已不仅仅局限于中原。南有强楚与之抗衡，齐桓公总感到霸王之位受到威胁。

第六章　齐桓公晚年，晋国兴起

管仲病危之时，齐桓公去探望，眼见管仲是难以痊愈了，于是同他谈起了谁能做他的接班人的问题。

齐桓公委婉地问道："仲父的病很重了，这是毋庸讳言的。若不幸而此病不愈，国家大政我将转托给谁呢?"

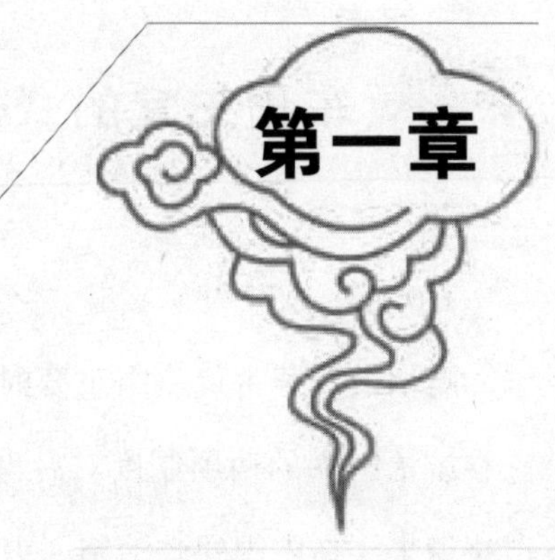

襄公小霸，齐国内乱

周庄王十一年（前 686 年），郧国在齐国和鲁国的联军攻击下投降。至此，齐襄公的霸业达到了一个新的高度，只要他能够会盟诸侯，就足以成为一方霸主。

东周王室的式微

周朝是我国古代一个重要时期，也是中华古典文明的全盛时期，它在统治时期的两项制度对后世产生了深远的影响：一是分封诸侯。严格说来，在中国的政治制度史上，只有周朝是完整意义上的封建制度。所谓封建，就是国家政权封而建之，通过封王、封地来治理一个国家，周天子则是国家至高无上的统治者。二是制定礼乐。礼乐制度，相传是周公所作，是处理等级社会上下贵贱之间的人际关系的伦理规范。“制礼作乐”带来了社会的稳定，“礼崩乐坏”必然会导致社会的动乱。周朝的礼乐制度是儒家思想的先河。

公元前 771 年，西北的犬戎攻入周的都城镐京（今陕西西安市长安区西北），杀死周幽王。第二年，周平王迁都洛邑（今河南洛阳），周王朝走向衰微。历史上把迁都前的周王朝称为西周（前 1046 年—前 771 年），迁都以后的周王朝称为东周（前 770 年—前 256 年）。

平王东迁之后，王室的权力大受削弱，但在新的权力中心形成之前，它还是天下集权的象征。此时诸侯国陆续强大起来，对周天子不再那么尊重，连定时朝会周天子的礼节也不要了，甚至有的诸侯窥伺周室，“问鼎之轻重”。而诸侯之间为了争霸，更是攻伐不断。孔子将春秋时代称为“礼崩乐坏”的时代。

在春秋前期，郑国是最早强大起来、企图称霸的。

郑武公、郑庄公父子先后担任周平王的卿士，权力很大。周平王不满，就暗暗把一部分权力托给虢公。郑庄公发现了这个事情后埋怨周平王，周平王说："绝对没有这样的事情。"于是周、郑交换人质。王子狐在郑国作为人质，郑国的公子忽在周朝作为人质。

公元前 720 年，周平王去世了。在郑国为人质王子狐还没有回到洛邑继位就去世了。王子狐的儿子——年少气盛的周桓王姬林登上了宝座。周桓王因为自己父亲的事情，对郑庄公很是不满。有几次郑庄公朝拜的时候，周桓王都故意不以礼相待。周桓王暗中谋划，准备把辅政大权交给虢公。这件事情引起了郑庄公的不满，四月，郑国的祭足领兵抢掠周王室温地（今河南温县南）的麦子。秋天，又割取了成周（今河南洛阳市东）的谷子。这些公然的挑衅行为使郑国和周王室的关系全面恶化。

公元前 719 年，郑国都城的东门被宋、卫、陈、蔡四国围攻，抢掠五日后离去。第二年，郑庄公决定报复，起兵讨伐卫国。此时州吁已死，卫宣公在位。他用南燕（今河南延津东北）军队反击郑国。庄公令大夫祭足、原繁、泄驾三军抗击燕军正面，令公子忽、公子突偷袭燕军背后。燕军的注意力被吸引在正面的三军，没有提防背后两支奇兵，一下被打得大败。

公元前 707 年，郑国和周王室的长年积怨终于爆发为战争。周桓王亲自率领蔡、卫、陈联军讨伐郑国。双方在繻葛（今河南长葛北）摆开战场，结果联军大败。

这场战争的影响太深远了，周桓王的鲁莽之举让周王室威信扫地。自此周王室只剩下天下共主的名义，变成诸侯争强图霸的过程中不时

祭出的招牌。“礼乐征伐自天子出”的时代一去不复返，大国争霸的时代正式开始。

齐国的建立

齐国是周王朝最为重要的封国之一，它的开国之君齐太公姜尚是西周初年的传奇式英雄。

姜尚是东海边之人，其先祖曾做四岳之官，辅佐夏禹治理水土有大功。舜、禹时被封在吕，所以姜尚也叫吕尚。

姜尚少时穷困，年老时，借钓鱼的机会求见西伯昌（周文王）。西伯昌在出外狩猎之前，占卜了一卦，卦辞说：“所得猎物非龙非螭，非虎非熊；所得乃是成就霸王之业的辅臣。”于是西伯昌出猎，果然在渭河北岸遇到姜尚，与之谈论后大喜，说：“我国先君太公就说：‘定有圣人来周，周会因此兴旺。’说的就是您吧？我们太公盼望您已经很久了。”因此称姜尚为“太公望”，二人一同乘车而归，西伯昌尊其为太师。

西伯昌从羑里（今河南汤阴县）脱身归国后，暗中和姜尚策划如何推行德政以推翻商纣政权，其中很多是用兵的权谋和奇计，后来都汇集到《六韬》这部书中。

西伯昌为政清平，尤其在明断虞、芮二国的国土争讼后，被世人称为膺受天命的文王。随后文王讨伐了犬夷、密须、崇国，并大规模建设丰邑。当时，天下三分之二的诸侯都归心向周，但文王却不肯举兵反商，他认为德行还不够。

文王死后，武王即位。受命九年（前 1048 年），武王想继续完成文王的大业，东征商纣察看诸侯是否云集响应。军队出师之际，被尊称为“师尚父”的姜尚左手拄持黄钺，右手握秉白旄誓师，说：“苍兕苍兕，统领众兵，集结船只，迟者斩首。”于是兵至盟津。各国诸侯不召自来有八百之多。诸侯都说：“可以征伐商纣了。”武王说：“还不行。”班师而还，与姜尚同写了《太誓》。

又过二年，商纣杀死王子比干，囚禁了箕子。武王又将征伐商纣之战，占卜一卦，龟兆显示不吉利。风雨突至，群臣恐惧，只有姜尚强劝武王进军，武王于十一年正月甲子日，在牧野誓师，进伐商纣。商纣军队彻底崩溃，商纣王回身逃跑，登上鹿台，自焚而亡。第二天，武王立于社坛之上，群臣手捧明水，卫康叔封铺好彩席，姜尚牵来祭祀之牲，史佚按照策书祈祷，向神祇禀告讨伐罪恶商纣之事。散发商纣积聚在鹿台的钱币，发放商纣囤积在巨桥的粮食，用以赈济贫民。培筑加高比干之墓，释放被囚禁的箕子。把象征天下最高权力的九鼎迁往周国，修治周朝政务，与天下之人共同开始创造新时代。上述诸事多半是采用姜尚的谋议。

此时武王已平定商纣，成为天下之王，就把齐国营丘（今山东淄博市临淄北）封赏给姜尚。姜尚东去封国，边行边住，速度很慢。客舍中的人对他说：“我听说时机难得而易失。这位客人睡得这样安逸，恐怕不是去封国就任的吧。”姜尚闻听此言，连夜穿衣上路，黎明就到达齐国，却遇莱侯带兵来攻。营丘毗邻莱国，莱人趁商纣战乱而周朝

刚刚安定，无力平定远方之际，来与姜尚争夺国土，但最终大败而逃。

姜尚到齐国后，修明政事，顺其风俗，简化礼仪，开放工商之业，发展渔业盐业的优势，因而人民多归附齐国，齐就此成为大国。到周成王年幼即位之时，管蔡叛乱，淮夷也背叛周朝，成王派召康公命令姜尚说："东至大海，西至黄河，南至穆陵，北至无棣，此间五等诸侯，各地官守，如有罪愆，命你讨伐。"齐因此可以征讨各国，形成大国，定都营丘。

宣姜之乱

春秋时期礼崩乐坏的表现之一就是周王室和各国公室内部此起彼伏的内乱，郑国和周王室的内乱刚刚平息，卫国内乱再起。卫国在州吁之乱后，迎回了流落在邢国的公子晋登上国君之位，是为卫宣公。然而他却并未带领卫国在中原诸侯的争斗中占据上风，不仅如此，在其统治末年，卫宣公还给卫国带来了一场令卫国一蹶不振的内乱。

大凡涉及继承权的斗争，都和宫闱不修有关，卫国自然也不例外。卫宣公在做公子时，曾经和父亲卫庄公的宠妾夷姜有染并生下一子，取名为急子（也称为汲子）。州吁之乱结束后，卫宣公回国继承君位，将夷姜立为正室，急子也就顺理成章地成为嫡长子。然而早在夷姜之前，卫宣公就已经娶了邢国国君的女儿为正室，而且夷姜又是其父的宠妾，因此卫宣公此举不仅有违周礼，更有乱伦的嫌疑。

然而，卫宣公的乱伦行为并未结束。急子成年之后，卫宣公为其迎娶了齐僖公的长女宣姜为妻。当新娘来到卫国时，卫宣公看到宣姜的美色，居然色心大动，起了取而代之的心思。他借故派急子出使宋国，自己却在淇河搭起新台，将宣姜娶做继室。这就是有名的“新台故事”。

急子回国后，并未对父亲的这一举动有所不满。卫宣公与宣姜成亲后，又生了两个儿子，分别是公子寿和公子朔。原本急子的储君之位，就得益于卫宣公对夷姜的宠爱，而此时宣姜受宠，夷姜受到冷落，急子的储君之位就日渐不稳了。宣姜为了让自己的儿子成为国君，每日在卫宣公面前离间卫宣公与夷姜母子之间的关系。长此以往，卫宣公居然想要把急子除去，另立宣姜之子。

尽管卫宣公有这样的念头，但迫于舆论的压力，他并不敢公开动手，于是便和宣姜商量出一条计策：先假意令急子出使齐国，暗中却派遣刺客在急子的必经之路先期埋伏，给人造成一种路遇劫匪的假象。急子不疑有他，欣然前往。然而宣姜的毒计却被其子公子寿知道了。

公子寿虽然是宣姜的孩子，但从小却是在卫宣公的两个弟弟——人称左、右公子的抚养下长大的。而急子当年出生时，流落在外的卫宣公亦曾将他交给左、右公子抚养，因此二人关系很好。虽然年纪相差甚远，又是同父异母，却仍然兄友弟恭，相处十分融洽。公子寿知道母亲想要除掉急子，情急之下，连忙星夜出城，追上了毫不知情欣然出使的急子，将事情的经过告诉了他，让他不要去齐国，逃到其他国家避难。

谁知急子天性仁孝，虽然知道了一切，却并不愿意违逆父亲。他

连父亲强夺妻子之事都不多计较，又怎么会随随便便地逃掉呢？于是他拒绝了公子寿的提议，打算按原计划前往齐国。救兄心切的公子寿只得假意为兄长饯行，在席中将其灌醉，自己则乘急子的车队前行，慨然赴死。

果然，卫宣公派出的刺客看到卫国的车队，便将公子寿误认为急子，一拥而上，将公子寿杀害了。而急子酒醒之后，发现公子寿和车队都不见了，也立刻猜到了事情经过。于是匆匆赶到事发现场，看到刺客刚刚杀死公子寿，正欲离开，急子便朗声说道："你们杀错人了，我才是急子!"刺客见状，便索性将急子一同杀了，回卫国复命。

由于这一乌龙事件，卫宣公的阴谋还是败露了。卫国两公子相互友爱、视死如归的精神也被卫国人写进了诗经中永为后世传唱，这就是著名的《诗经·卫风·乘舟》。而卫宣公得知此事后，被急子和公子寿的行为所打动，深深为自己的行为而后悔，不久就在悲痛中去世。这一事件，史称"宣姜之乱"。

在宣姜之乱中，唯一得到好处的只有宣姜的另外一个儿子公子朔。由于兄长公子寿意外身亡，卫国国君继承人的身份顺理成章地落到了他的身上。卫宣公去世后，公子朔继位，是为卫惠公。然而由于卫国人感念两位公子的美德，大都不支持卫惠公，而曾经抚养急子和公子寿的左、右二公子更是对卫惠公深恶痛绝，二人决心联合起来，将卫惠公推翻。

公元前 696 年，左、右公子联合大夫宁跪发动政变，拥立急子的亲兄弟公子黔牟继位。不得人心的卫惠公只得仓皇出逃到母家齐国寻求庇护。此时齐国国君是齐僖公之子齐襄公，齐襄公虽然荒淫无耻，但却颇有野心，他知道这正是一个介入卫国事务、为齐国捞取利益和声望的好机会。于是他收留了外甥卫惠公，并在数年（前688年）之后纠集诸侯，打着周天子的旗号杀回了卫国。屡经内乱的卫国根本无法与齐抗衡，卫惠公在齐襄公的支持下又重新坐上了国君的位置。左右二公子被杀，公子黔牟则由于是周王之婿，逃得一命，被赶到了成周。

齐襄公心知卫惠公的君位不稳，仍然有倾覆的可能。为了在卫国埋下齐国的势力，齐襄公居然想出了一个堪称荒唐的办法：他宣称宣姜原本是要嫁给急子的，只是由于卫宣公中途反悔才未能实行，虽然如此，可婚约仍在。如今急子已死，卫宣公亦不在人世，这一婚约应当由急子的另一个亲兄弟公子顽履行，也就是让公子顽迎娶自己的继母宣姜。

面对这种近于乱伦的提议，公子顽坚决不从，但齐襄公凭借齐国的势力，趁公子顽酒醉之机，强行把宣姜塞给了他，无可奈何的公子顽也只好从命。后来公子顽的子孙果然成为国君，并与齐国保持了密切的关系。

从州吁之乱到宣姜之乱，卫国内乱频仍，又屡遭敌对诸侯国的侵扰，在内忧外患之下逐渐衰落。然而卫国的厄运不止如此，卫惠公去世后，在其子卫懿公的统治下，卫国又经历了另外一次灭国之祸，虽然在齐国的帮助下复国，但也从此成为大诸侯国的附庸。

齐襄公其人

卫国的内乱，与齐国有着千丝万缕的联系。这个在春秋初年地处一隅的诸侯国，在齐僖公时期逐渐兴起，开始积极参与到中原争霸的形势中来。

春秋初年的山东半岛上，除了齐国、鲁国以外，还有一个叫作纪的诸侯国。齐国同纪国虽是邻国，但关系却颇为恶劣。原来早在西周夷王年间，当时的纪国国君向周天子说了齐哀公的坏话，周天子信以为真，便将齐哀公活活煮死，另立其弟公子静为国君，是为齐胡公。齐胡公为了躲避纪国的迫害，甚至一度迁都。从此齐纪二国结下了深仇。到春秋初年，齐国逐渐强盛起来，为了实现霸业，首先将矛头对准了纪国。

此时的纪国虽然已逐渐沦为二等小国，但深知齐国心思的纪国却并没有坐以待毙，而是积极开展外交以对付齐国。为了自保，纪国同鲁国联姻，后来又多次结盟，企图借齐鲁两大国的矛盾，闪转腾挪。不仅如此，纪国国君又将女儿献给周天子为王后，企图借助周王室的权威压制齐国。然而，在强大的齐国面前，纪国的种种外交努力都收效甚微。

齐僖公当政时，齐国开始向外扩张。齐僖公曾经尝试同郑庄公结盟，共同讨伐纪国，因故未能成功，但齐僖公并不死心。郑庄公去世后，郑国陷入内乱，并同宋国发生了纠纷。郑国联合了希望调停郑宋纠纷的鲁国，以及纪国与宋国、卫国、南燕国和齐国发生了战争并获得了胜利。其实，在这场战争中站在宋卫一方的齐国原本同郑国有同盟关系，之所以参战，恐怕大多是由于纪国的原因，齐僖公希望能在战争中浑水摸鱼，打击纪国，但没想到居然再次失败。周桓王二十二年（前698年），壮志未酬的齐僖公怀着未能吞并纪国的遗憾去世，其子公子诸儿即位，是为齐襄公。

齐襄公凭借着父亲留下来的政治遗产，继续投身到争霸的事业中去。他见在鲁国的庇护下，纪国始终不能被消灭，于是便转而同鲁国为敌。在齐襄公即位伊始，鲁桓公曾经想调解齐国和纪国之间的矛盾，便召集齐襄公和纪国国君进行会盟，然而齐襄公并不买账，不仅没有同纪国修好，反而随即派兵进攻鲁国，双方在奚地打了一仗。紧接着，齐襄公又以将同周天子之女大婚为由，邀请鲁桓公前往齐国为其主持婚礼。鲁桓公欣然前往，却没想到此去竟送了性命。

齐襄公虽然颇有政治才干，但在私生活上却极其混乱。齐僖公有两个女儿——宣姜和文姜。宣姜被卫宣公夺去，引发了宣姜之乱；而文姜曾经打算被许配给郑昭公，但是未果。后来鲁国发生内乱，鲁隐公被公子翚杀死，鲁桓公即位。公子翚为了安定局势，与各国交好，便表示愿意同齐国结为亲家，替鲁桓公做主，迎娶了文姜。

和宣姜一样，文姜也是位著名的美女，早在她待字闺中时，就与兄长——当时还是公子的齐襄公发生了乱伦关系，《诗经·齐风》中的《南山》《敝笱》《载驱》这几首诗记载了这一情况。

文姜嫁到鲁国后，与齐襄公十余年没有来往。齐襄公此次请鲁

桓公访问齐国，一方面可能有拉陇的政治策略在内，另一方面也不能排除借此机会与文姜重聚。文姜自然也知道这一点，于是不仅怂恿鲁桓公前往，更以归宁之名要求一同前去。鲁桓公不知内情，便答应了她的请求。结果，回到齐国后文姜夜不归宿，就住在齐襄公的宫殿内。

鲁桓公得知此事后勃然大怒，将文姜痛斥一顿，并决定离开齐国。文姜向齐襄公哭诉此事，齐襄公为了给妹妹兼情人出气，居然一不做二不休，动了杀人的心思。齐襄公趁着给鲁桓公饯别之际，在酒席上将后者灌得大醉，又命叔叔公子彭生为其驾车，在途中趁机害死了鲁桓公。为了应付鲁国的追责，齐襄公又将所有罪名安在彭生的头上，将其杀死当作替罪羊。

继位的鲁庄公面对这个不讲道理的舅舅实在无可奈何，他也只好默认了文姜从此离家不归的事实，并在齐鲁之间的禚地为文姜修建了一座行宫，从此文姜就居住在那里。而鲁庄公为了与齐国修好，再次前往齐国，为齐襄公和王姬主持了婚礼。

齐国在与鲁国的明争暗斗中大占上风，所谓唇亡齿寒，纪国自然也不能幸免。齐襄公见鲁庄公新近即位，自顾不暇，便腾出手来对付纪国。鲁桓公死后一年（前 693 年），齐军就入侵纪国的郱、鄑、郚三邑并占领之。在齐国的压力下，纪国内部也发生了分裂，纪国国君之弟纪季投降了齐国，并将酅地献出。

鲁庄公打算同郑国结盟，对抗齐国，保全纪国。但此时的郑鲁关系早就不比从前，在郑庄公死后的内乱中，被高渠弥拥立的公子亹由于同齐襄公有私怨，在会盟时被后者杀死，连高渠弥也未能幸免。此时郑国国内动荡，公子仪继位不久，自然不会贸然同齐国结怨，于是拒绝了鲁庄公的请求。这下纪国彻底断了生路，又过一年，齐军攻破纪国都城，纪侯出逃，纪国宣告灭亡。

吞并纪国的齐国领土大增，陡然成为一股强劲的势力。在齐襄公的治理下，齐国又先后干涉卫国的内政，出兵推翻了公子黔牟，并强迫公子顽迎娶庶母宣姜，在卫国安插齐国的势力。之后齐襄公又联合鲁国进攻郧国，俨然成为一时霸主。不过，齐襄公的称霸美梦由于内乱的爆发并未实现，齐国的霸业还要留待后人来完成。

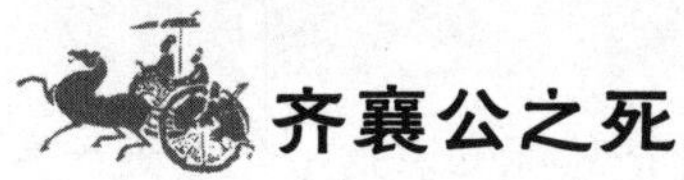

齐襄公之死

周庄王十一年（前686年），郧国在齐国和鲁国的联军攻击下投降。至此，齐襄公的霸业达到了一个新的高度，只要他能够会盟诸侯，就足以成为一方霸主。然而，齐襄公终究没有再向前一步，一场突然爆发的内乱，不仅断送了他的性命，也暂时中断了齐国的称霸之路。

事情起因于齐襄公的一次出尔反尔。齐襄公曾经派遣大夫连称、管至父二人领兵戍守葵丘（今山东临淄西南），并告诉他们："瓜时而往，及瓜而代。"也就是戍守时间为期一年。然而，一年之后，连称和管至父却并没等到换防的齐军，疑惑不解的二人便向齐襄公请求回到临淄，可齐襄公似乎早就把当初的许诺忘到九霄云外了，断然拒绝了二人的要求。戍守在外，风餐露宿，生活自然没有在国都舒服。连称

和管至父见换防无望，心生怨恨，便想造反作乱。

要推翻齐襄公，自然先要找到一个有资格代其继位的人，连称和管至父想到了齐襄公的表弟公孙无知。公孙无知是齐僖公之弟夷仲年的儿子，齐僖公在世时，对这个侄子非常疼爱，他的起居饮食标准都和公子诸儿——也就是后来的齐襄公一样，这让后者很不舒服。

齐襄公一继位，就将公孙无知的待遇标准降低，公孙无知自然对齐襄公心生不满。连称和管至父便找到公孙无知商讨，双方一拍即合，便紧锣密鼓地开始策划。为了确保叛乱成功，连称还在齐襄公宫中找到了一个内应。连称有个堂妹是齐襄公的妾，但并不得宠，连称趁机游说她参加叛乱，随时向自己报告齐襄公的动向，并许诺成功后将其许配给公孙无知立为正室。

一场叛乱即将爆发，但齐襄公却对此茫然无知。这一年冬天，齐襄公外出到姑棼游玩，在贝丘田猎时，遇到一头大得异常的野猪。打猎遇到野猪原本并不稀奇，但春秋初年的人十分畏惧鬼神，齐襄公的左右侍从见到这怪异的野猪，竟然以为是屈死的公子彭生变形前来寻仇，纷纷惊叫起来。

当初齐襄公为了能与妹妹文姜天长地久，就派叔叔公子彭生趁鲁桓公酒醉将其杀死，事后为了安抚鲁庄公的情绪，又栽赃陷害公子彭生，将其处死。彭生对齐襄公的出尔反尔大为愤恨，曾经在受刑之前高呼要化为厉鬼前来寻仇。齐襄公得知此事后对彭生又怕又恨。如今看到这大得出奇的野猪，又见左右侍从如此慌张，不禁勃然大怒，弯弓搭箭射去。

齐襄公做了亏心事，难免底气不足，这一箭虽然射中，但并未杀死野猪。受伤的野猪疼痛难忍，前脚腾空，大声吼叫起来，却把疑神疑鬼的齐襄公吓得魂飞魄散，从兵车上直接摔下来。幸好左右侍从手疾眼快，七手八脚地将齐襄公救了回去。

经此一闹，齐襄公心里的无名大火无处发泄。当晚回到宫中发现跌伤了脚，又丢了鞋袜，遍寻不得，便痛打了管理鞋袜的侍者费三百鞭子，借此泄愤。费出宫时，发现宫外人声鼎沸，灯火通明，兵戈之声阵阵，随即便被兵卒抓了起来。蓄谋已久的连称、管至父和公孙无知，听说齐襄公受伤，行动不便，便趁此机会发动了叛乱，率领手下进攻王宫。费见到他们，便声称受到齐襄公的虐待，愿意同他们合作，希望叛军不要轻举妄动，否则惊动了宫中，齐襄公一旦脱逃，便前功尽弃。

公孙无知等人见费伤痕累累，相信了他的话，将他释放。不料费却是个忠心耿耿之人，他脱身之后立刻回到王宫，告诉了齐襄公叛乱的消息，并将他藏在门后。公孙无知见费良久不出，知道上了他的当，便率兵攻打王宫。费与叛军激战片刻，最终寡不敌众，被杀死在宫门口。

面对准备充分的叛军，齐襄公的左右侍从根本不是对手。公孙无知等人很顺利地就攻入了内室，将假扮齐襄公就寝的孟阳杀死在床上。叛军四处寻找，终于看到门后齐襄公露出的脚，于是一拥而上，手起刀落，齐襄公就这么死在了堂弟的手上。随即公孙无知被拥立为齐国国君。

不过，公孙无知的国君宝座却并没坐多久。他本身并不是个有道的明君，当他还是公子的时候，曾经对大夫雍廪十分无理，雍廪于是怀恨在心。等公孙无知即位后，便发动突袭杀死了他，连称和管至父也未能幸免。

齐国这下陷入了群龙无首的局面，正所谓国不可一日无君。齐襄公没有子息，而齐僖公的儿子除了齐襄公之外，还有公子纠和公子小白二人，新的国君自然就要在这二人之间产生。然而在这个关键的时刻，这两位公子却并不在齐国。由于早年齐襄公杀死公子彭生，他的胡作非为已经引起了公卿大臣们的不满和恐惧，为了一己私利，连自己的亲叔叔都下得了手，谁知道屠刀哪一天会落到自己的头上？特别是公子纠和公子小白更是栗栗危惧。

由于齐襄公没有儿子，按照“父死子继，兄终弟及”的继承制度，他们二位都是合法的王位继承人。如果齐襄公有一天以他们有篡位之心当借口，那可真是百口莫辩了。于是这俩人先后出奔到自己的母家，公子纠的母亲是鲁国人，因此逃到了鲁国；而公子小白则逃到了莒国。

二人虽在国外，但却时刻关注着国内的消息。齐国爆发内乱，齐襄公和公孙无知先后身死的消息传到他们的耳朵里时，流亡在外的公子纠与公子小白立刻明白此时回国正是继位的大好时机。然而天无二日，民无二王，国君只有一个，谁先返回齐国，谁就占据了上风。齐国的未来，依旧混沌难定。

管仲与鲍叔牙

管仲是公子纠的老师，名夷吾，字仲，颍上（今安徽颍上）人，姬姓后裔。他祖上可能是贵族，后来家道中落，沦为平民。

管仲的青少时代生活在社会下层，很不得志。他曾经为“圉人”，替人牧马，后来同好友鲍叔牙一同在南阳经商。管仲经常欺侮鲍叔牙，赚了钱，总是要多拿一些。鲍叔牙知道管仲家里很贫困，比他更需要钱来养家糊口，从不与他计较。做生意时，多由管仲来策划、筹算。但他们失败的时候多，赚钱的时候少，《说苑》中说管仲“三辱于市”，就是指此。而鲍叔牙并不认为管仲愚笨，他把经商失败看成是“时有利不利”的原因。后来管仲出去求仕，但都没有做多久就被辞退了。鲍叔牙也不认为是管仲无能，而认为是生不逢时。管仲还当过兵，但打仗时总是逃跑在先。鲍叔牙也不认为是管仲怯懦，而认为是由于管仲有老母在堂，他要保全性命来奉养老母。总之，鲍叔牙认定管仲是个有大才能的贤者，对他的所作所为都非常支持。

齐僖公有三个儿子，长子公子诸儿，即后来的齐襄公，次子公子纠和幼子公子小白。当时管仲和召忽被任命为公子纠的“傅”，即老师。后来齐僖公又让鲍叔牙为公子小白之“傅”，负责教导公子小白。但鲍叔牙认为辅佐公子小白不会有什么前途，便拒绝了，还假装生病

不出门。

管仲邀召忽一同去看望鲍叔牙，问道："为什么不出来做事呢?"鲍叔牙推心置腹地说："先人说过，没有比父亲更了解儿子的，没有比君主更了解臣下的。现在国君知道我愚钝，所以才派我做公子小白的傅，我不想干了。"

召忽同情地说："您如果坚决不干，就不要出来，我暂时向国君保证说您快死了，就一定能把您免掉。"鲍叔牙感谢地说："有您这样做，那就没有做不到的了。"

管仲不同意鲍叔牙的看法，他说："不行。主持国家大事的人，不应该推辞工作，也不应该贪求中闲，将来真正掌握政权的，还不知道是谁呢，您还是出来干吧!"

召忽也对公子小白没有信心，他不同意管仲的意见，说："不行。我们三人对齐国来说，好比鼎的三足，去掉一足就立不起来。我看公子小白必定不会继承君位。"

管仲见鲍叔牙、召忽都对公子小白没有信心，认为他不可能继承君位，颇不以为然。他分析说："我看不对。人们憎恶公子纠的母亲，必然会连累到公子纠本人，但却会同情没有母亲的公子小白。公子诸儿虽然年长，但品质卑劣，前途如何还不一定。看来将来能安定齐国的，除了公子纠与公子小白两人，恐怕不会再有别人。公子小白虽然不会耍小聪明，而且性格急躁，但是能把握大方向。不是我管夷吾，就不会理解、容忍公子小白。如果不幸有一天上天降祸加灾于齐国，公子纠就算能立为君主，也不会成就什么大事。那时不靠您鲍叔牙出来安定国家，还将靠谁呢?"

召忽是个耿直之人，他对齐僖公之后的政局非常担心，忧心忡忡地说：“国君百年之后，如果有违君命而废掉我所拥立的公子纠，夺去公子纠的君位，就算他得了天下，我也不愿活着辅佐他。何况参与了我们齐国的政事，接受君主的命令而不折不扣地执行，一心一意地帮助我所拥立的公子，保证他不被废除，这就是我义所当为的事情。”

管仲是个注重大局而不拘小节的智者，当然不会赞同召忽这种愚忠思想。他说：“我作为人君的臣子，是受国君之命为国家主持宗庙的，岂能为公子纠而牺牲自己？我只有在国家破、宗庙灭、祭祀绝的情况下才会去死。除了这三种情况，我都要活着。”

停了停，管仲又非常自信地补充说：“只要我管夷吾活着，就会对齐国有利；如果我管夷吾死了，就会对齐国不利。”

鲍叔牙听二人把话题扯开了，忙插进来问道：“那么我到底该怎么办？”管仲回答说：“您接受委任就是了。”鲍叔牙同意了，马上就出来接受命令，担任了公子小白的“傅”，辅佐小白。管仲、召忽和鲍叔牙三人还相互约定，无论将来是公子纠还是公子小白做君主，他们三人都要相互引荐。

鲍叔牙担任了公子小白的“傅”后，心里没有底，又找管仲商量，问他：“我该怎样做工作呢？”管仲回答说：“作为人臣，如果对君主不尽心竭力，君主就不会亲信。君主不亲信，则说话就没分量。说话没分量，那国家就不能安宁。总而言之，事奉君主，不可存有二心。”鲍叔牙表示非常赞同。

公元前 698 年，齐僖公去世，公子诸儿继立为君，是为齐襄公。由于齐襄公倒行逆施，鲍叔牙、管仲等人已预感到齐国将发生内乱，于是鲍叔牙带着公子小白出逃到莒国以避祸，而管仲和召忽则留下来

观望局势的发展。

不久，齐国果真发生了内乱。

箭射小白

管仲得知公子无知等人杀掉齐襄公，自立为君的消息后，立即同召忽带着公子纠逃难。

公元前685年春，刚刚坐上君主宝座的公孙无知就被大夫雍廪杀掉，齐国一时出现无君的情况。

此时，年轻的鲁庄公刚刚亲政，很想施展抱负，便有心支持公子纠，把他推上齐国君主的宝座。于是鲁庄公与齐国诸大夫在暨地（今山东苍县）磋商，并立了盟约。很快，管仲、召忽等人就护卫公子纠回到了齐国。

但是，实际执掌齐国大权的是国、高二氏。公子小白从小就与高氏家族的高傒十分要好，所以在鲁庄公与齐国诸大夫磋商时，国、高二氏就悄悄地派人到莒国请公子小白回国为君。

当使者向公子小白转达了国、高二氏的主意后，公子小白却沉吟不决。鲍叔牙催促他说：“还不赶快回去吗？”

公子小白摇摇头说：“不行。管仲智谋过人，召忽武艺超群，有他们在，尽管国人召我回去，我恐怕还是回不去的。”

鲍叔牙说："如果管仲的智谋能发挥出来，齐国为什么还会乱？召忽虽然武艺超群，岂能单独对付我们？"

公子小白还是很担心，他说："管仲虽然没有发挥其智谋，便毕竟不是没有智谋的人；召忽虽然得不到国人的支持，但他的党羽还是足以加害于我们的。"

鲍叔牙坚持要公子小白回去，他说："国家一乱，智者也无法搞好内政，朋友也无法搞好团结，完全可以把国家夺到手。"于是不管公子小白是否同意，立即命令驾车出发，莒国也派了几十乘兵车护送。

鲍叔牙把公子小白拉上车后，亲自为他驾车向齐国疾驰。但公子小白坐在车上还是犹豫不决，他说："管仲和召忽两人是奉君令行事的，我还是不可冒险。"说着就要下车。鲍叔牙见公子小白要下车，非常着急，想拉住他，但两手都忙于驾车，腾不出来。于是他也顾不得什么君臣礼节，用靴子挡住公子小白的脚说："事如成功，就在此时；事如不成，就由我牺牲生命，您还是可以保住性命的。"于是他们继续前进。

谁赶在前头，谁就有可能争到王位。鲁庄公亲自率兵护送公子纠回国，并且派管仲带兵去阻截公子小白。

管仲没日没夜地赶路，到了莒国边境的时候，果然就追上了公子小白的队伍。

管仲问道："公子去哪儿啊？"公子小白故作平静地说："回国料理襄公的丧事。"

管仲说："公子纠比您年长，由他去料理丧事就行了，您又何必这么匆忙呢？"

公子小白的脸色沉了下来，不耐烦地说："我们家的事，不用你

来操心，你快让开。”他的随从也都围了上来，像是要动手的样子。

管仲见势不好，只好退去。可他又不甘心，心里想：“干脆我一不做，二不休，来个先下手为强！”他暗暗抽出箭来，突然弯弓搭箭，转身向公子小白射去。只听见公子小白大叫一声，口吐鲜血，向后倒去。

管仲以为射死了公子小白，赶忙去向公子纠和鲁庄公报告。他们听说公子小白已死，心都放到了肚子里，不那么着急赶路了。

谁知道公子小白并没有死，管仲那一箭只射中了他的衣带钩，公子小白故意咬破舌头，吐出血来，骗过了管仲，等管仲走远后，他才起来。一行人日夜兼程，有小路就抄小路，没几天就到了国都临淄。

小白登基

管仲一箭射向公子小白，其实心里也是七上八下的。公子小白是个不错的公子，而且自己与他的师父鲍叔牙又是多年的好友，如果不是因为他是公子纠的老师，他断然不可能做出这样的举动来。他见公子小白惨叫着倒下，知道自己的目的已经达到，心中满是愧疚，下令自己的人马火速撤向鲁国，去与已经起程的公子纠会合。于是，只一阵风的时间，这一队人马已经离开。

鲍叔牙万万没有想到管仲竟可以做出这样的事情，连忙去查看公子小白的情况，这才发现公子小白并未受伤，越发体会到机遇和时间的重要性，于是喊了声“天佑我齐国！”当即重整人马，火速赶往临淄。

智者千虑，难免有失，管仲以为自己已经射死了公子小白，除去了公子纠即位的最大障碍，因而在与公子纠会合之后，就不主张公子纠回国时急于赶路，而是要摆出架子，慢慢腾腾地一展齐国未来国君之风。按理说，这也没有什么错，但是他却没有想到，在他们慢条斯理、不紧不慢赶路的时候，公子小白已经抢先一步回到了临淄城，而接到消息的高、国二位上卿率领一些拥护公子小白的大臣在城外迎接他。

公子小白离开齐国虽有一段时间，但是对国内的情形还是比较熟悉的，知道官员并无太大的变化，显然一些重要的大臣没有出现在迎接的队伍里，比如雍廪、东郭牙、宾胥无，他们都是一些保守派，显然对迎公子小白即位这件事不满。公子小白对此却是早有心理准备的，他早就料到会有这样的结果，他知道这些大臣其实都是贤良的，相信可以凭着自己的努力改变这些大臣的观点。现在，他最担心的事情却不是这个而在于鲁国，他先回到了齐国继承君位，这就意味着公子纠将失去即位的机会，他势必不会甘心，他背后的鲁庄公可能也会在这样的动荡时期来干预齐国的内政，这才是公子小白真正担心的。

群臣见过公子小白之后，高、国二卿并没有立即为他主持登基仪式，而是先带他到了宗庙祭祀列祖列宗，宗庙里供奉的是齐国历代诸君的塑像，齐太公姜尚正居其中，高傒、国懿仲与公子小白在姜太公像前叩首，高侯道：“太公在上，高傒与国懿仲世受天子之恩，今天为维护太公圣业，为大齐子民之福，有违国礼家法，私立小白即位国君，只为国家着想，请太公体恤!”国懿仲也在旁叩首道：“国、高二

氏，乃是受周天子所封之齐国守国之臣，齐国近来多有磨难，皆因平庸之辈执政之因。故国、高私议选贤任能，借此非常之机拥戴小白即位，以此振兴大齐，开创大齐功业，违宗背法之处，请太公谅解。”

公子小白见两位上卿如此说法，也是双膝跪下，叩首三下道：“太公在上，高、国二位上卿为齐国大业着想，扶持小白即位，小白必不辜负两位上卿的良苦用心，勤奋治国，开创大齐盛世基业。”

祭祀完毕，他们来到了齐宫正殿，公子小白离开齐国许久，重新回到这里，想到自己今后将成为齐国之主，难免有恍若隔世的感觉，整个正殿里面的人都在为筹备登基的事情忙得不可开交，见公子小白过来了，这才停了下来，大家都各归其位。这个时候就可以看到大殿里空了许多，尽管高、国二位上卿有着极高的影响力，但不可能让所有的大臣都同意他们的选择，所以许多支持姜纠的大臣们都选择躲在家里不出来，即使前来出席登基仪式的大臣们也是各有各的想法，许多人都是缄口不言，一个偌大的齐宫正殿显得无比冷清。

高、国二位上卿也知道能够劝说更多的大臣参加登基仪式更好，但关键是现在的时间宝贵，公子小白必须立即登基，否则给公子纠的拥护者们以希望，将会对齐国政局更加不利。于是不顾当前的冷清形势，由司仪隰朋宣布登基仪式开始。

这里提一下隰朋这个人，其实他也姓姜，他的曾祖父姜廖是齐庄公姜购的儿子，齐僖公姜禄甫的弟弟，被封于隰阴，因而称隰氏，隰氏同样是公族大夫，在齐国享有盛誉，因此他得以负责登基的司仪工作。

到这里，有心细的读者可能会发现，齐国的诸臣似乎多是王室公室贵族出身，高傒、国懿仲、隰朋、东郭牙是姜姓出身，均为开国之君姜子牙的后世子孙，而其他人物，管仲、雍廪、召忽、王子城父、管至父、连称则出自姬姓，多是其他姬姓封国之君的后世子孙，鲍叔牙虽然不是姬、姜两姓，但是杞国公子之子，这种现象的产生是与周时的“大宗维翰、小宗维城”宗法制度是分不开的。

周王朝建立之后，为了巩固统治，除了实施分封制之外，还有两项重要措施。

一项是以周礼来确认周天子的权力地位，用道德来规范中央与地方的关系。在周礼的体系中，周天子地位最高，权力最大，他既是周族的首领也是各诸侯国政治上的共主。周天子是全国土地的最高所有者和“王畿（都城附近属于周王直接控制的土地）”之地的实际拥有者，因此，凡属国家大事，无论是行政、经济、军事、礼义、宗教、司法都由周王决定，所谓“礼乐征伐自天子出”。周朝的统治以周天子为首脑，使权力集中化，以此协调宗周与诸侯封国的相互关系。

另一项是包括嫡长子继承制在内的宗法制度。配合周礼，周王朝建立了一套宗法制度，这套制度的核心就是“大宗维翰、小宗维城”。按照周时的宗法制度，周王自称为天子，王位也由嫡长子继承，因而是天下的“大宗”，是同姓贵族的最高家长，也是所有贵族政治上的共主。天子的众子（包括嫡长子的诸母弟与庶子）封为诸侯，为“小宗”。每个诸侯国的诸侯也是以嫡长子的资格继承父位，奉始祖为“大宗”；他们的众子封为卿大夫，为“小宗”。每个诸侯国的卿大夫也以嫡长子的资格继承父位，奉始祖为“大宗”，他们的众子为“小宗”。

此外，周王朝又通过婚姻关系将宗法制度用于异姓贵族。由于西周实行同姓不通婚的制度，姬姓与异姓贵族之间便又利用婚姻关系联系起来。王室与异姓封国为亲家，所以周王与同姓诸侯为叔伯关系，

与异姓诸侯为舅甥关系。这样，天子统率诸侯，诸侯统帅卿大夫，逐渐形成一个宝塔式的等级结构，既有纵的联系，又有横的联结，“大宗维翰、小宗维城”，使周天子的共主地位增加了一种宗法的保障，中央与地方的关系罩上了一层宗法制的外衣。

我们可以看出来，周王室通过分封同姓子弟及与异姓封国通婚的方式，使得中央与地方诸侯成为一种血缘关系，周中央政府以血缘关系为纽带进行治理，各个封国都是中央政府的延伸，授予了各个封国独立财权、军权、行政权等权力，这种宗法活动制度在早期巩固了周王朝的统治，但是到了后期，诸侯国的权力越来越大，越来越不将中央政府放在眼里。到了春秋时代，“礼乐征伐自天子出”已经基本不复存在，而变为“礼乐征伐自诸侯出”“礼乐征伐自卿大夫出”，甚至“陪臣执国命”。

正是因为“大宗维翰、小宗维城”这种宗法制度出现，导致周王室及诸侯国的中高级官员都是贵族出身。当然导致许多王公贵族的后代慢慢远离了直系，由王公贵族变成卿大夫，由卿大夫变为士，由士变为平民，他们的姓氏也因为失去了尊贵地位而慢慢换作了一些其他的姓氏，也就成为了彻底的普通民众，管仲、鲍叔牙大约就是因为这种情形而最终沦落民间了。

由此看来，公子小白如果不能在齐国即位，他就将慢慢远离齐国的政治舞台，幸运的是，他把握住了机会，虽然只是一个第三继承人，他却可以最终获得齐国国君的位置。新的开始，新的生活在等待着这个经历坎坷的大国新君，面对尚没有从内乱动荡的阴影中走出的国家，面对着纷乱的时代，他将如何开始自己的国君生涯，如何开始一步步实现自己的人生理想呢?

齐鲁争锋，管仲相齐

乾时之战是齐桓公即位之后的第一战，处于守势的齐军在自己的国土上打败了来犯的鲁军，并顺势占领了鲁国北部边防重填汶阳，这一仗打出了齐国的威风，巩固了齐桓公的统治，可以说，乾时之战拉开了齐桓公称霸诸侯的序幕。

大战不可避免

公元前 685 年夏季的一天，一场盛大的即位仪式在齐国的齐宫正殿内举行。

当时，齐宫正殿内鼓乐齐鸣，乐师们开始打鼓、击磬、吹笙、弹琴，奏起了齐国的国乐，但是一些保守派的大臣却拒绝承认公子小白即位的合法性，并没有出席典礼，所以大殿内相对要冷清一些。而齐国新一任国君公子小白就在这样一个并不真正热闹的情形下即位，真正走到了齐国历史的最前沿，开始了一段为期 43 年的统治，在中国历史上重重地写下“齐桓公”三个大字。

登基仪式后，公子小白发表了自己的即位演说：“各位大夫，皇天浩荡，太公辅佐周室开创周室基业，创立我天齐之国。寡人承蒙高、国二位上卿和大家的拥戴，今日继承君位。齐国近年风波不断，国力衰减，人民困苦，作为大齐君臣，应该很好地从中反省，吸取教训，不枉太公为我们创下如此的基业，大齐要强盛起来，在诸侯国之间有所作为，就要依靠君臣上下一心，大家各尽其责，国家强盛必指日可待。”

参加典礼的众臣受他的话所鼓舞，齐声道：“谨遵君命!”

也就是在这个时候，有人来报：“公子纠在鲁军护送下到达城下，要求进入临淄城。”公子小白与众臣一愣，这还真是一个麻烦，这公子纠早不来晚不来，偏偏在公子小白登基时他回来凑热闹。

这个问题比较敏感，众臣面面相觑，都不知道应该说些什么，齐桓公（既然即位了，那么从这里开始下文就用“齐桓公”这个称谓）也是有些不知如何是好，公子纠是自己的哥哥，照理是应该放他进城的，可是现在他又是为了继承君位回国的，又如何可以放他进入国都呢？

这个时候，高傒发话了：“主公，公子纠身为齐国公子，却由他国军队护送回国，有违礼制，应当拒绝他入城，且待鲁军撤回之后再入城，并应该同时通知他新君已经即位，再入城时应当做好拜谒新君之礼。”

高侯这几句话说得不卑不亢，有理有据，为齐桓公解了大难题。齐桓公当即下令：“王子城父，你马上代寡人向公子纠传达，希望他可以在鲁军退后再进临淄城。”

王子城父与齐桓公关系一直十分紧密，现在国君将这样的事情交给自己，当然知道使命重大，于是前去城楼，向城下的公子纠传达了齐桓公的意思。公子纠在城外已知弟弟进城即位，只是还不完全相信，本来管仲已经向他报告将弟弟射死了，没有想到竟然是诈死，不由得生出两重怨恨，既怨恨管仲办事不力，也怨恨自己一时疏忽，竟然错过了即位的时机。虽然弟弟要他在鲁军退后再进城，但是很明显，这样进城恐怕也是凶多吉少，不丢命恐怕也要失去自由。

在这样的情况下，公子纠要想不受控制地进城，那么只有一个办法，就是带兵强攻，但是，他所带的鲁军也不过百乘多的兵力，根本无力直接进攻。城中纵然有一些支持他的大臣，但是因为高、国两位上卿的影响力更大，此时这些支持他的大臣也起不到大的作用，公子

纠没有好的办法，只好识趣地退回鲁国。

公子纠请求外甥鲁庄公帮助自己夺回君位。这个时候的鲁庄公已经不是几年前那个年幼少年了，他已经二十多岁，从前他要事事听母亲文姜的安排，经过多年的从政磨炼之后已经翅膀硬了，他本以为通过扶持公子纠即位齐君可为鲁国捞到一些好处，比如向齐国索要土地，没有料到公子纠竟被弟弟夺去了君位，公子纠不甘心，鲁庄公更是不甘心，越想越咽不下这口气，于是决定在国内进行战争动员，他想要在大规模的战争准备之后挥师伐齐，送公子纠回齐国即位。春秋时代一场东方两个大国之间的战争似乎不可避免了。

鲁国小史

当年周武王灭商以后，分封宗亲功臣，周公被封在鲁国。由于周公要辅佐年幼的成王，无法前往，便让自己的儿子伯禽治理鲁国。临走，周公告诫伯禽说："我是文王之子，武王之弟，成王之叔，我在天下来讲也是不贱（卑贱）的了。但是我一沐三捉发，一饭三吐哺(洗澡吃饭总是打断，出来接待士人)，起来接待士人，这样还犹恐因怠慢而失去天下的贤人。你到了鲁国，一定不要因为是国君而骄傲地对待他人。"

周公死后，周成王就命鲁国可以祭祀周文王。这样，鲁国就有了天子之礼乐班子，这是为了褒奖周公之德的。鲁国，虽说不很强大，但它对周朝礼乐文明的继承是最深的，因为这是伟大的周公的封地啊。

齐国是姜子牙的封地，鲁国是周公的封地，两位老同事有时也交流一下治理经验。一天，姜太公问周公如何治理鲁，周公回答说："尊尊亲亲。"姜子牙说："鲁从此衰矣。"周公接着问："那么你怎么治理齐？"姜子牙说："举贤而尚功。"周公说："齐后必有劫杀之君。"

后来他们的话果然都应验了：田氏代齐，齐国的血统被改变了，姜氏被赶下台；鲁国一直很弱，却传了三十二世。

伯禽死后，儿子鲁考公继位，随后是鲁炀公、鲁幽公、鲁魏公、鲁厉公、鲁献公、鲁真公、鲁武公。

鲁武公这时候已经是周宣王时期，鲁武公九年的时候，带着长子括和小儿子戏，到西边镐京去朝见周宣王。周宣王很爱这小儿子戏，要鲁武公立戏当鲁国太子。周朝的樊仲山甫进谏说："废长立少，不顺啊。不顺，就会出乱子，而这是你作为王命指定的，出了乱子，你必然要去诛杀那犯事的。所以，出的命令，一定得是顺的。命令如果行不下去，那政权就立不起来了，命令行下去但是不顺，民众也要抛弃上峰。下级的人事奉上级的人，少的事奉长的，这就叫作顺。如果鲁国这么干，把小的立为太子，诸侯必都这么学。这时候，这时候，如果你去诛杀这样的诸侯，那是自诛王命。所以诛杀也不是，不诛杀也不是。您好好考虑考虑吧。"周宣王不听。终究让鲁国立了这小儿子当太子，继位后是为鲁懿公。

鲁懿公九年，懿公的兄长括的儿子伯御果然和鲁国人一起攻杀了鲁懿公，而立了伯御当鲁君。随后周宣王就去伐鲁，杀掉了伯御，而

把鲁懿公的弟弟立为了新君。经过这件事情之后，诸侯多畔王命。周王再命令或者建议他们干什么，他们就不听了。

新君鲁孝公继位二十五年，周幽王被犬戎所杀。秦国开始封建为诸侯。

鲁孝公的儿子鲁惠公又执政四十六年才死去。鲁惠公的正夫人不能生育，他的妾生了个儿子叫息。息长大以后娶了宋国公女为妻，这女孩容貌漂亮，鲁惠公一高兴，就把她收了当自己的媳妇了，生下儿子允，并且把她扶为了正夫人，允也就当了太子。等到鲁惠公一死，因为允的岁数还小，就叫息来摄政，息被称为鲁隐公。但是因为是摄政，又不说他是即位。

过了十一年，公子挥对鲁隐公（息）说："老百姓都觉得你管得挺好，你干脆直接当国君算了。我替你把允杀了，你让我当相国。"鲁隐公说："由于允当时年岁尚小，父皇才让我摄政代他监国，如今允岁数也大了，我正准备还位给他，叫他当国君呢。"

公子挥碰了一鼻子灰，回去想想，又怕自己对隐公说的这些话，未来允知道了，到时候允一接班当国君，就非杀了他不可。于是公子挥反倒跑到允那里，诬陷鲁隐公说："隐公打算自己立为国君了，除掉您。您快想想办法吧。要不，我替你把隐公杀了。"允想想就允许了。于是，十一月，鲁隐公外出祭祀，斋戒住在城外蔿氏家，公子挥就派刺客，把鲁隐公杀了，而立了允当国君，是为鲁桓公。

这个事情，主要也怪鲁隐公，当时，公子挥给他出了那个建议以后，他就应该杀了公子挥。当然，老国君安排的俩儿子轮着当国君的事，本来就是荒唐中隐藏着危机。

鲁桓公继位以后，派公子挥去齐国为自己迎娶文姜。鲁桓公六年，文姜给鲁桓公生下了一个儿子，因为跟鲁桓公生日相同，就给他起名“同”。

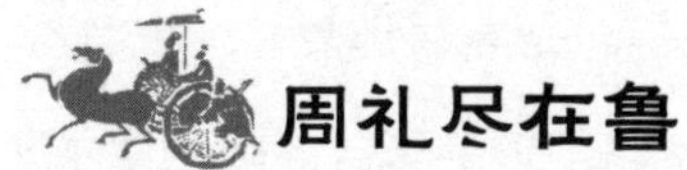

周礼尽在鲁

鲁国不是强国，但它因为保留了周朝的典章制度而受列国尊敬。所以圣人孔子出在鲁国，而不是别国。孔子说：“郁郁乎文载，吾从周。”

平王东迁后，天子只是一个空名，实际权力不如一个小国诸侯，而各国彼此攻伐不已，早把西周初年的礼法破坏掉了，而只有鲁国还相对完整地保留了周公制定下来的一系列制度。

鲁襄公二十九年（前544年），吴国公子季札来鲁国观礼，实际上是来学习中原文化，因为吴国国君虽说是泰伯之后，和周室同一个祖宗，但吴地在当时和楚地一样，属于文化欠发达的南方荒蛮之地。鲁国为季札演奏周乐。乐工弦歌《周南》《召南》，季札听后叹道：“真美呀，这是王业奠基之象，虽未完全成功，但民勤劳而不怨。”接着歌唱《国风》中的《邶》《鄘》《卫》，季札听后说：“美得深沉！这是忧虑而不困窘之象。我听说卫康叔（卫国始祖）、武公是这种风范，应该是《卫》风。”接下来，季札对演出的歌舞，一一做出精准的评价。三年后，晋国的韩宣子来到鲁国，同样如季札那样观看了一

系列传统歌舞，叹息道：“周礼尽在鲁矣！”

韩宣子对鲁国的礼乐心服口服，还有一个原因，晋国曾在鲁国使臣面前出过很大的洋相。鲁襄公四年（前569年），鲁国派使臣穆叔入晋，名义上是对三年前鲁襄公即位时晋国派使臣道贺的回礼，事实上当时长期受到齐国欺压的鲁国，不得不投靠当时的超级大国、同是周武王之后的晋国。晋国国君令乐工奏乐招待。先奏《肆夏》（其辞今已亡）三章，穆叔没有按照通行的礼节回拜；乐工然后歌唱《文王》之三（《诗经·大雅》），穆叔又不回拜；接下来乐工歌唱《诗经·小雅》中的《鹿鸣》《四牡》《皇皇者华》三章，每演奏一曲，穆叔恭恭敬敬地回拜一次。

鲁国的重臣、韩宣子的父亲韩厥觉得非常奇怪，因为他知道来自礼仪之邦的鲁国使臣选择性回拜，一定有原因，于是派人去驿馆问穆叔。穆叔回答说：“《肆夏》之三是天子用来招待诸侯的，我一个使臣哪担当得起？《文王》是两国君主相见时的乐章，同样我不敢僭越。而《鹿鸣》是贵国君王对我国表示友好之意（中间有‘我有嘉宾，鼓瑟吹笙’之句），我哪敢不回拜？《四牡》是贵国君主慰劳使臣的，我哪敢不再次回拜？《皇皇者华》中有国君教导使臣‘必谘于周’，即要向忠信之人咨询。臣听说：‘访问于善者为咨，向亲近之人咨问为询，咨询礼法为度，咨询政事为诹，咨询疑难问题为谋。’臣一下子获得五项善待，当然要重重回拜。”

可见，忙于打仗的晋国早就乱了礼乐，搞不清奏乐的程序、规矩，只能随便找几个曲子来演奏，所以才闹出用《肆夏》《文王》招待他国使臣的笑话，后来三个曲目纯粹是瞎猫抓死耗子——碰上的，作为弱国的使臣穆叔，不得不委婉地给大国上了一堂礼乐课。

晋国君臣虽然也是武王后裔，却已把周室礼法忘得一干二净。在鲁国使臣面前，他们只能一个劲儿地擦汗。

而另一个故事则是发生在鲁哀公十七年（前 478 年），鲁君与齐平公在蒙地(今山东蒙阴县)会盟，齐君向鲁哀公叩头，而鲁君只回以弯腰礼，因为据说鲁国的传统是：除非见天子，鲁君向任何君主都是不叩头的。齐人很是恼怒，从此耿耿于怀。五年之后，鲁哀公又与齐平公、邾子在顾（今河南范县）会盟，齐君还记得当年之事，责怪鲁君不尊重他，死守儒家礼节。

死守周礼，不知变通，的确是鲁国的特点，也是他们的社会意识形态和政治格局。因而鲁国一直守旧，不能振作，总是受他国特别是齐国的欺负。

稳定局势，收服旧臣

在鲁庄公的统治期间，鲁国基本维持了平稳的发展，并在齐国的强势下也没有丧失本国尊严。而在他的统治后期，由于个人原因，给鲁国埋下了动乱的隐患，此处暂且不提。这里要提的是鲁庄公在齐桓公即位前后的失误，一方面，他本来是有机会将姜纠推向齐国国君的位置，从而帮鲁国争取最大利益，但是由于他的决策失误，反而成就了齐桓公。另一方面，在他决定采取军事手段帮助姜纠即位后，并没

有选择齐桓公刚刚即位齐国人心不稳的时候，而留给了齐桓公充分的时间拉拢人心，恢复国内局面，使得齐国迅速从齐襄公被弑、公孙无知被杀两次严重的政治事件中走出来。

齐桓公是公元前 685 年的夏天即位的，但是鲁庄公并没有立即对齐国发动军事行动。其实公子纠与管仲重新回到鲁国之后，管仲曾向鲁庄公提议立即出兵讨伐齐国，趁齐桓公立足不稳，以及国内部分亲近公子纠大臣的支持下，一举拿下公子小白，扶持公子纠即位。但是鲁庄公没有将管仲的话放在心上，反而嘲笑了管仲一番："寡人是一国之君，自然知道何时出兵最好，反而是夷吾你办事不力，谎报军情，导致恶劣后果。"鲁庄公几句话就将管仲说得哑口无言，管仲知道自己是寄人篱下，索性不再发言，只是暗暗痛惜出兵的最佳时机已过。

鲁庄公虽然决定了伐齐，但是始终还是担心齐国的强大力量，没有立即挥师北上，而是在国内进行全面军事动员，进行扩军备战。公子纠即位心切，当然希望鲁庄公尽快出兵，但是他也知道自己是有求于鲁国，只能是好话说尽，向鲁庄公承诺，一旦成功，将割让部分齐地给鲁国以表谢意，而且答应齐国将永远与鲁国结盟，帮助鲁国对付其他国家。有的资料中提到这个条件是五座城池，但我们认为可能性不大。周时各个主要诸侯国都是在分封时以一座城池为依托的方国模式发展了起来，到了春秋早期这个阶段，还不可能有太多的城池，公子纠再感激自己的外甥，似乎也不大可能使用割让五座城池这样的条件。

无论如何，公子纠提的交换条件足够让鲁庄公心动，但是这并不足以让鲁庄公立即开始军事行动。

当鲁庄公觉得准备差不多的时候，已经到了秋天，天气倒是变得秋高气爽了，但是他已经错过了最佳时机，现在齐国早已经从严重的国内局势动荡中恢复了过来，在这过去的几个月里，鲁庄公在忙着整军备战，齐国的新任国君齐桓公也没闲着，他在忙什么呢？他忙着稳定齐国的国内局势。

齐桓公即位之后，首先征求高、国二位上卿及老师鲍叔牙的意见，知道齐国这些年连年征战，民怨极深，而士兵中间也是厌战情绪蔓延。于是连颁数项政令，将齐国从前的一些苛捐杂税给废除了，允许军中超过一年没有回家的兵士回家探亲，同时，他吸取了连称与管至父造反搞政变的教训，特别下令将戍边超过一年的军队换防回国进行休整，这些政令一出，齐国的局势立即得以改观。

民心与军心初步稳定了，齐桓公接下来要做的就是稳定大臣的思想工作了。虽然他登上了齐国的国君之位，但是始终还是有几位大臣不认同他，他们认为应按礼制由姜纠即位，于是便每天称病不上朝。齐桓公认为这些人都是忠良之臣，只是比较教条一些而已，并不存在反意。他觉得自己可以将他们的思想转变过来，让他们放弃支持公子纠。齐桓公明白，这些大臣之中，雍廪是一个代表，只要做好了他的思想工作，其他的人就根本不需要他再张口了。

雍廪以公孙无知不具备法定继承权的名义将他刺死了，树立起一副维护国家法治的光辉形象，可是齐桓公同样也是在不具备继承权的前提下即位做了齐国的国君，如果他向齐桓公投降，岂不是违背自己的原意。想到这些，齐桓公决定亲自登门拜访雍廪。

雍廪没有想到，齐桓公居然放下国君的架子找到他的家里。当下人禀报说国君来了，正坐在书房之中的雍廪立即想起自己还处于“生病”的状态，是要躲在病床上，还是迎接国君的到来，他一时不知道如何是好。就这工夫，齐桓公已经进了他的书房里。

“叩见主公。”雍廪连忙要施君臣之礼，但是却被齐桓公给制止了，“雍大夫不必多礼，寡人闻听你身体多有不适，特前来看望，齐国能有今天的安定局面，全赖雍大夫为我齐国尽心尽力，寡人政务繁忙，所以来得迟了，还请体谅。希望雍大夫早日痊愈，为我齐国出力。”

齐桓公的一席话让雍廪极其不好意思，万万没有想到一国之君会主动前来探视他这个普通的大夫，当即双膝跪下道：“罪臣该死，劳主公大驾。”

其实，这几天在家里，雍廪已经想通了，他之所以不愿意接受公子小白即位，是因为按照礼制，长幼有序，理应由公子纠即位，可是齐国近年来纷争连连，都是因为前两任国君施政不仁、残害百姓。对于公子纠的个性，大臣们私下议论时也颇有不满，与公子诸儿、公子无知颇有相似之处，如果他即位，齐国难免又走回老路，将国家再次带向灾难，这岂不是违背了齐太公的开国之训吗？公子小白的个人能力是群臣皆知的，齐僖公在位时也是十分喜爱这个小儿子，由他继承君位不过是一时有违国礼，但确实可以带给齐国一世之利。更何况，目前这种情况下，公子纠势必不会善罢甘休，肯定是要借鲁国的力量夺回君位，如果真的是鲁国的军队打败齐国，公子纠即位，堂堂齐国岂不为诸国所笑话？在齐桓公即位之后一个月的时间里，他连颁数项政令使得整个齐国呈现一派和谐之相，雍廪自然也是知道的，这样的景象可是齐国多年所未有过的。所以说，他本已经有了支持公子小白之心，但是苦于没有台阶下，齐桓公的到来恰好让他接受了现实，向齐桓公效忠。

就这样，齐桓公在国内获得了继位合法性，齐国的混乱局面得到了控制，可以专心应对鲁国的发难了。

乾时之战

我们今天都知道齐桓公是一代霸主，其实也应该说他是一个有谋略的人。齐桓公能从一个原本没有希望继承君位的公子一步步率领齐国走向超级强国之巅，除了借助管、鲍这样的人才辅佐的因素，首要的条件是他自己满腹谋略。从前做公子的时候，他与高、国两大重臣保持密切联系从而获得他们的信任与支持，最终即位，而在即位之后劝服雍廪团结了自己的高级官员队伍这件事情上，他再次向我们证明了这一点。

齐桓公之所以没有在即位后立即去探视雍廪，是因为他知道雍廪的病是心病，是需要雍廪自己去解开的。齐桓公知道这些不支持他的大臣们都会将自己的施政措施看在眼里，他们都浸淫政界多年，应该会做出正确的选择。

果然，在齐桓公探望雍廪之后第二天的早朝上，他就看到了自即位以来最可喜的局面，所有称病的大臣如数上朝。这个时候，齐桓公又颁布命令了，“凡大夫等臣者，均有护国爱民之责，今后凡有假称病不上朝，不履行职责者，一律收回食邑，斩!”

食邑，就是诸侯封赐所属卿、大夫作为世禄的田邑，包括土地上的劳动者在内，又称采邑、采地、封地，因卿、大夫世代以采邑为食

禄，故称为食邑。周王朝的分封制以宗法制度为依据，大小按封爵等级而定。卿、大夫在食邑内享有统治权利并对诸侯承担义务，食邑为世袭，如果后世没有子孙则由国家收回。其实，我们可以这样理解，诸侯各国也是周天子赐予有功之臣及亲朋好友的食邑，也就是说，在周王朝时代，官员的收入主要就是从诸侯封赐的食邑上获得，收回食邑就意味着为官者全家都会失去收入来源。所以齐桓公恩威并用，在送了台阶给那些教条主义者的大臣们之后，他就抽去了能够让他们再次走向反对他方向的台阶，所有的大臣无不因此而感到震撼，如此一个头脑清醒的国君，当真是齐国之福了。

齐桓公颁完了政令之后，询问下面的各位大臣有何要奏禀之事。这时，雍廪答道："主公，臣属接到消息，鲁国近期一直在动员军队，似有不良之心，而我军的精锐部队尚在都城休整，我国应该早做准备。"雍廪自知自己曾选错边站错队，现在得到了国君的宽恕，当然要全力弥补从前的过失。

齐桓公微微一笑："雍大夫所言极是。王子城父将军，我曾安排各地换回国都休整的戍边大军由你指挥操练，现在进展如何？"其实雍廪的想法也是齐桓公的想法，他当然不会忘记哥哥姜纠尚在鲁国，随时有可能率领鲁军前来夺取国君之位。他让各地戍边的军队换回国都休整，一方面是让他们休息一下，从戍边的辛苦中解脱出来，另一方面则是借机整顿，消除他们的厌战情绪，加紧操练，进一步提高这些本就是精锐之师的战斗力。

"回主公，一切都在顺利进行，目前我军士气高涨，随时准备消灭任何敌犯我大齐之敌！"王子城父的回答更是让满朝大臣越发相信这个新任国君的非同凡响，虽然他登基只有一个多月，却已经处处显示出一个有为的明君形象，这是齐国的大幸。

退朝之后，齐桓公留下了鲍叔牙、王子城父、雍廪、宁越、东郭牙、仲孙湫等人，召开秘密军事会议。齐桓公向众人道：“鲁国必定会对我国有所行动，不知道各位有何看法?”

鲍叔牙道：“我国军队实力在鲁国之上，只是因为近年多有劳师之举，造成军心不稳，战斗力下降，才使鲁国以为有机可乘，我军只要早做准备，击败鲁军并非难事。”

王子城父道：“主公即位之后，我国人心稳定，军中士气高涨，单单是鲁国以一国之力冒犯我国，击退他们不是难事。”

雍廪道：“诸位且不可太过小看鲁军，我认为我们还是早做准备，以求万全之策。”

齐桓公听了雍廪的话，点点头，对众人说：“鲁国近期一直在举国动员，扩充军队，必与我国有一战，我们应该早做准备，今天留下各位大夫，也正是与大家商量一个应对之策，以保证我军可以取得最终胜利。我认为，鲁国之所以敢有进犯我国的想法，肯定是认为我国历经动荡，政局不稳，军队实力下降，所以认为有机可乘，只要我们做好准备，在鲁军进犯之路上埋伏下军队，以逸待劳，应该有十分把握。”

对于齐桓公的话，群臣深以为然，于是热火朝天地展开讨论，一致认为鲁国要进攻齐国，必定要首先进攻齐国的乾时之地，齐军可将主力部队秘密布防于乾时，起到奇兵的效果。于是齐桓公安排王子城父将在国都休整的精锐部队秘密调往乾时，为了麻痹鲁国的情报人员，大军的调动不是大部队调动，而是一小股一小股地调动，到了乾时之后，部队又分散于当地民居之中。等到了入秋的时候，乾时之地已经

聚集了大量齐军的精锐之师，而鲁国却没有半点这方面的消息。

也就是在这个时候，鲁国的战书到了，鲁庄公认为他已经准备妥当了，决定出兵讨伐齐国，齐桓公看了战书，只是一笑，便派王子城父为右军主将，宁越副之；东郭牙为左军主将，仲孙湫副之；鲍叔牙为中军主将，雍廪为先锋，带领小股部队从临淄大张旗鼓地出发，前往乾时准备拒敌。

鲁国这边只知道齐军并没有准备多少军队迎敌，只当是齐国自傲或者无法筹集到更多军队，殊不知齐国早已经在乾时提前集结了上万大军。

乾时这个地方是齐国的领地，与鲁国接壤，因为这里有一条叫作时水的河的支流，半年有水半年干涸，所以称为乾时。夏秋两季是河水丰盛之时，两岸水草肥美，齐国大军就是借着当地的民居与树草的掩护，秘密埋伏在这一带。

鲁国的军队到了乾时之后，齐国由临淄派来的众将与部队也已经赶到了这里，齐鲁两军就在这里对峙着，一场战斗即将展开。两国战车各排成一字长蛇阵，东周时代的车战是必须要这样排的，双方的战车一字排开，然后进行冲杀，很明显，齐国的战车要少许多，这让在军中督战的鲁庄公十分得意，“想不到齐国已经没落到战车都凑不齐的地步了。曹沫将军，你且出马，挑落齐将，以振我鲁军之威。”

鲁国大将曹沫得令出战，齐国则派出了雍廪应战，两个人厮杀起来，但是没有多久，雍廪就似乎不敌，开始向后撤退，鲁军趁机发动总攻击，齐军大败，纷纷后撤，鲁军随后紧迫，慢慢地就进入了齐军设下的伏击圈，随着洪亮的齐军军鼓擂响，埋伏的齐军在鲍叔牙、王子城父、宁越、东郭牙、仲孙湫等人的率领下杀出，将鲁军团团围住。

鲁庄公看到漫山遍野似乎从天而降的齐军惊呆了，他万万没有想到齐国竟会布下如此多的军队，更令他想不到的是这群军队完全是一支虎狼之师，一时间鲁军大败，溃不成军，鲁军主将曹沫身中数箭差点当场殉命。

齐军认出鲁庄公的战车，呐喊着冲向他，鲁庄公狼狈地跳下车子，换上一辆轻车全力逃跑，鲁庄公战车上的御手秦子及车右（指与鲁庄公同乘一辆战车，站在车上右侧的人，多为勇士）梁子担心鲁庄公逃不脱，于是持鲁庄公的旗帜，诱骗齐军，很快被齐军团团包围，两个人均为齐军所俘，而鲁庄公则比较幸运，逃出齐军的包围圈。

虽然鲁庄公已经逃脱，但是齐军并没有停止进攻的脚步，而是继续追杀鲁军，鲁军过了本国的汶河，毁掉了河上的桥，这才阻止了齐军的进一步追击，但是汶河以北的鲁国土地自此就落入齐国的手里，成为齐国的地盘。

乾时之战是齐桓公即位之后的第一战，处于守势的齐军在自己的国土上打败了来犯的鲁军，并顺势占领了鲁国北部边防重镇汶阳，这一仗打出了齐国的威风，巩固了齐桓公的统治，我们可以这样说，乾时之战拉开了齐桓公称霸诸侯的序幕。

爱才如命

齐军大败鲁国侵犯之师后，齐桓公并没有立即班师回朝，而是持续增派军队到齐、鲁边境地区，给鲁国以大军压境的感觉。其实，他并不是想要消灭鲁国，只是要借这样的形式达到震慑鲁国的目的，他的二哥姜纠现在仍在鲁国，随时有可能借机复位，如果不能借这个机会除掉这一隐患，将会给他的执政造成巨大的冲击，齐桓公要想心无旁骛地做齐国国君，就必须要先解决眼前这个实际的问题。

当然了，齐桓公也是一个神志清醒的人，他想要除掉姜纠，但是姜纠毕竟是他的兄长，这样的事情如果完全由他操作肯定是会给他带来负面的影响，好在他的手下有鲍叔牙这样的贤臣，齐桓公相信这件事不需要他出面来操作。

乾时大败鲁军之后，齐桓公一方面继续增兵齐鲁的边境，另一方面大宴群臣，论功行赏，他感谢鲍叔牙多年来对自己的悉心照顾与教导，因此准备重用鲍叔牙，由鲍叔牙来主持齐国的大政，可是在齐桓公就这个事情与鲍叔牙协商时，鲍叔牙竟然拒绝了他。我们由此也可以看出来鲍叔牙的过人之处了，当初他因为觉得姜小白可能没有机会继承君位而感觉政途渺茫，所以主动拒绝当姜小白的老师，而现在，当他有机会到达一人之下万人之上的位置时，却又选择了拒绝。

鲍叔牙虽然没有管仲的治国之才，但是他却有一般人无法具备的才能：一是他有识才之能，他就认准了管仲是个难得的人才；一是他有自知之明。后世的西方人劳伦斯·彼德在分析数百个人才升职案例后，得出一个结论：在一个层级组织里，个体成员都将升到一个自己不能胜任的阶层。劳伦斯·彼德肯定无法想到，一个早他 2600 年的中国大夫早就意识到了这一点，鲍叔牙认为自己只有做大夫的能力，如果要他做主政国家之职，则只能是一个平庸的官员，对国家的强大没有帮助。

鲍叔牙敢直言自己不具备主政国家的能力，这种勇气实在让人佩服。

鲍叔牙拒绝齐桓公的好意时，说了这样的一段话，他说："我只是一个才能平庸的人，主公给我一官半职，让我衣食无忧，这已经是对我的最大恩惠了，如果主公要让我主持大政，就不是我所能胜任的了，我向你推荐管仲。如果主公只想治理齐国不出乱子，也许高卿与我就可以做到，但是如果要让国家真正强大，称霸诸侯，则需要管仲这样的人才，只有他的才华可以帮助主公实现这一点，与他相比，我有五点不如他：宽惠爱民，我不如他；治国不失权柄，我不如他；忠信以交好诸侯，我不如他；制定礼仪以示范于四方，我不如他；披甲击鼓，立于军门，使百姓勇气倍增，我不如他。管仲好比人民的父母，欲治理儿子，就不可不用他们的父母。"总而言之，鲍叔牙十分推崇管仲，为了推荐管仲，他甚至都不说实话，比如，他与管仲在战场上待过，管仲那种"冲锋在后、逃跑在前"的阵势他是见过的，但是他敢断定如果他穿上铠甲，在军营前面亲自击鼓就可以让百姓勇气倍增，我们不得不佩服鲍叔牙，对于一个尚没有过成功经历的人，他居然如

此之欣赏，如此之看好，这才叫作眼光独到且极具前瞻性。

我们在今天谈论齐国的崛起，主要是因为有一个想称霸的齐桓公与一个能帮他的管仲，而在这其中鲍叔牙同样起着重要的作用，正是他为二者建立起了联系，使得之后的一切事情都变得顺其自然。鲍叔牙是齐桓公的老师，自小看着他长大，又主动让贤推荐了管仲，这份功劳非一般人可比。

鲍叔牙对管仲治国平天下才能的推崇是毋庸置疑的，但齐桓公还是有心结，那就是管仲射他那一箭的事情。齐桓公说："管夷吾射寡人一箭，如不是射中了寡人的带钩，几乎要了寡人的性命，现在竟要起用他，可以吗?"

鲍叔牙说："他也是为了自己的君主才这样做的。主公只要赦罪让他回国，他将同样为您效力。"在鲍叔牙看来，各为其主，正是忠的表现。管仲既然能忠于为傅，也必将忠于为臣。鲍叔牙还将管仲从前分析姜小白有极大可能成为国君的事情也告诉了齐桓公，甚至将自己当初不想做齐桓公的老师，是管仲说服了自己的事情也讲了出来，这些事情让齐桓公惊叹不已，虽然当时管仲那一箭让他十分恼火，但是现在他是齐国的一国之主，正处在用人的时候，只要管仲是他所需要的人才，他就完全可以赦免他。本来齐桓公增兵鲁国边境，是想逼鲁庄公直接处死自己的哥哥姜纠与管仲的，现在听鲍叔牙这样说，他决定改变策略了。于是，齐桓公问鲍叔牙："目前，管夷吾还在鲁国，寡人又如何可以得到他呢?"

鲍叔牙道："只能尽快召夷吾与召忽回来，如果晚了，恐怕就得不到了。夷吾的才华是许多人都知道的，鲁国的几个大臣都十分认可，从前因为夷吾是公子纠的老师，不可能在鲁国任职，而现在，公子纠显然已经没有办法再回齐国了，所以他们必定会向鲁侯推荐夷吾在鲁国主政，如果夷吾接受，那么就会增强鲁国的实力，对我国大大不利；如果夷吾不接受，他们则会认为夷吾可能回齐国主持大政，那么会对鲁国有不利影响，可能会建议鲁侯立即杀了他。”

齐桓公听鲍叔牙这样一说，心里紧张了起来：“那么，管夷吾会不会立即接受鲁国的任用呢?”鲍叔牙回答说：“不会的，他对齐国忠心不二，不可能会接受鲁国的任用，况且，即便他真的接受，鲁侯也不可能在短期内认同他这个人。”

齐桓公又问鲍叔牙道：“那么，他真的会对我忠心不二吗?”

鲍叔牙回答时没有给齐桓公留什么面子，他很直白地说：“他不是对你忠心不二，而是对齐国忠心不二，只要是得到多数人支持的齐国的国君，无论是谁，他都会忠心的，主公不可久等，我马上写一封信给鲁侯那边，将公子纠与他们的事情处理一下。”

鲍叔牙当然明白国君此时的想法，国君肯定是希望鲁庄公杀死姜纠，然后将管仲、召忽押解回国，无论如何这封信是一封有损国君声誉的信，让别人杀死自己的哥哥是一件不孝的举动，而且以杀的名义引渡政治犯回国却重用他，也是一件破坏个人诚信的行为。他于是主动替齐桓公揽责，写了一封看似礼貌的通牒信让人交给鲁庄公，这让齐桓公感激不已。

从以上的举动我们可以看出来，鲍叔牙虽然才智不如管仲，但他却是一位难得的高人，所以，《韩诗外传》中有这样一段记载，孔子与弟子子贡讨论贤臣，孔子说鲍叔牙是一个。子贡于是问：“那是不是说推荐人才的人比人才更牛，更重要呢?”孔子回答：“知贤，智也；推贤，仁也；引贤，义也。有此三者，又何加焉?”孔子之推许鲍

叔牙也如此!

司马迁也曾这样赞叹道：“鲍叔牙既进管仲，以身下之……天下不多管仲之贤而多鲍叔牙能知人也!”

能同时得到中国历史上最著名的思想家孔子与史学家司马迁的赞誉，可见鲍叔牙的非同一般了。

重回齐国

鲁庄公兵败乾时退回都城曲阜之后，感觉十分憋屈，心里堵得慌，接着他又接到齐军在边境增兵造成大军压境的报告，心里更是慌慌张张的，有些不知道如何是好，本来是想借帮助姜纠即位这件事为鲁国捞一点儿好处，没有想到“损了夫人又折兵”，不但没有获得齐国的土地，反而丢掉了汶河以北的国土。他没有想到齐桓公竟有这等功力，即位没多久就理顺了齐国的国内局势，虽然乾时之战齐军是以巧取胜，但是齐军的战斗力显然已经恢复得差不多了，这才是最令鲁庄公担忧的。

鲁庄公一时拿不定主意，于是向大臣询问应对之策，大臣施伯站出来道：“主公不必担忧，齐国在乾时靠偷袭取胜，我军只是一时疏忽才吃了败仗，如果两军真正对垒，鲁军并不弱于齐军，齐军虽然目前气盛，但是如果真的进攻我国，也难得全身而退，我想他们目前也只是装装样子，当然，目前的情势对我方不利，我们还是要尽量避免与齐国发生战争，应该想办法与齐国和解。”

“装装样子？”鲁庄公有些不解，施伯道：“是的，他们如此大规模地调动军队，恐怕是另有目的，如果臣估计得没有错，齐国的使者就快来到我国了。”

果然没有多久，鲁庄公就收到了齐国的使臣隰朋带来的一封书信，书信是鲍叔牙写的，内容如下：

“外臣鲍叔牙，百拜鲁贤侯殿下：家无二主，国无二君。寡君已奉宗庙，公子纠欲行争夺，非不二之谊也。寡君以兄弟之亲，不忍引之加戮，愿上国据礼自置之。管仲、召忽，寡君之仇，请受而戮于太庙。”

这封信的大意就是说尽管姜纠与齐国国君争位有违君臣之道，但是因为有兄弟之情，齐桓公不忍心将他引回国处死，就由鲁国自行处理即可，管仲与召忽是齐桓公的仇人，请求引回齐国在太庙处死他们。

鲍叔牙至今还是管仲的坚定支持者，他深知管仲是振兴齐国所急需的人才，于是在隰朋出发前就特别嘱托他一定要想办法确保管仲的安全。

隰朋问鲍叔牙：“要是鲁侯担心人才为我国所用，借机杀死他，怎么办呢？”

鲍叔牙拍拍他的肩膀说：“夷吾与主公有一箭之仇，你提起这件事，鲁侯一定会深信不疑的。”隰朋答应下来，就起程去了鲁国。

鲁庄公接到了信后，感到十分为难，姜纠本来是个香饽饽，现在却成了一个烫手山芋。信里面虽然没有明说要鲁国处死姜纠，但是正常的人显然都明白信的画外之音，齐国的大军就在齐鲁国的边境上，

鲁国如果处理不好，就会引火上身。

鲁庄公不知道如何处置，只能再次向大臣施伯征询意见，施伯对他说："齐侯刚刚即位，就能如此使用人才，在乾时之战中靠谋略打败我国，他的才智是公子纠比不了的，我们不可能再对公子纠寄予什么希望。现在齐军士气更盛，如果为一个无法成为齐国之君的公子纠而与齐国全面开战，对我国不利，现在只能退一步，杀掉公子纠，与齐国讲和，然后再做其他打算。"

鲁庄公也是别无他法，乾时之战中齐国的勇猛让他印象深刻，汶阳一地已经丢了，如果现在真的不答应齐国的要求，他不敢想象还会出现怎样的结果，于是下令给公子偃，要求他前往生窦，包围姜纠的住处，将姜纠处死并活捉管仲、召忽。

生窦这边，齐国公子姜纠与自己的二位老师管仲、召忽三个人还在观望局势变化。得到鲁军乾时大败的消息之后，管仲已经看出来大事不妙，他预料到齐国可能会借鲁国之手除掉姜纠，于是建议姜纠想办法逃离鲁国，但是姜纠认为他是鲁国公的儿子，而且还是姜小白的哥哥，他觉得齐国最多是禁止他入境，不可能对他怎样，他甚至还在幻想日后鲁庄公会继续帮他夺回君位。

就在这个时候，奉了鲁庄公之命的公子偃带着大批士兵来到了姜纠的住处，姜纠还有些喜出望外，以为是鲁庄公派人召他协商继续对齐国采取军事行动的事情，没有想到自己的末日来临。公子偃二话不说，突然拔剑将姜纠刺死，将他的首级砍了下来，其他的士兵则将被这突如其来的情况惊呆了的管仲与召忽二人戴上了枷锁，关进了囚车里面。

召忽在囚车里一言不发，神情异常严峻，管仲在这个时候却并不怎么担心了。从前他与鲍叔牙、召忽三个人曾相约日后谁可以得势将推荐其他人为国效力，在他为了确保姜纠的即位而射了姜小白一箭之后，他以为自己的政治前途只能寄希望于姜纠重新即位，现在只有公子纠被杀而他们只是被抓起来，应该是鲍叔牙在背后起了作用，他相信，如果自己可以活着离开鲁国，那么他就不必担心自己会有生命危险。

想到这些，在囚车里的管仲神情就变得轻松起来，丝毫不像一个即将被处死的犯人。然而没有想到的是，他的神情却被鲁国的大臣施伯看在了眼里。

施伯对鲁庄公说："我看到管仲的神情，没有半点担心的样子，似乎根本不担心自己的生死，好像回到齐国之后齐侯根本不会处死他似的，这个人是个人才，如果真的是这样，齐国必定会重用他，这样齐国可能会更加强大，这对鲁国是大大不利的，主公不如直接处死他，以免除后患。"

鲁庄公道："齐国已经在书信里提到要求将他们活着引回齐国，如果处死招致意外如何处理?"施伯道："既然齐国声称回到齐国也是杀，不如现在就杀了他，为我国除去一个可能的敌人，到时齐君追问，也不能将我方如何。"鲁庄公听着有理，于是就决定下令杀死管仲。

鲁国内部当然有亲齐的官员，这件事立即就传到了还在鲁国等待结果的隰朋耳朵里，隰朋大惊，鲍叔牙曾专门嘱托一定要保证管仲的生命安全，他不敢耽搁，连忙去找鲁庄公，他对鲁庄公道："管夷吾数月前曾箭射我国的国君，因为只是射到了带钩上，我国国君才幸免出事，因此对他恨之入骨，希望可以将他活着带回齐国，国君将亲手来杀死他，如果我只能带着尸体回国，恐怕难向国君交差。"鲁庄公本

也是聪明人，但是却缺乏决断的智慧，真的就信了隰朋的话，于是将姜纠的首级以及囚车的里管仲与召忽交给了隰朋，由他带回齐国。

当隰朋带着管仲与召忽准备出发时，管仲在囚车里问召忽："你怕吗?"召忽回答："我怕什么？我为什么没有早死，是因为在等着齐国的安定，现在齐国安定了，如果让你执政，也一定会让我执政，然而杀死我服侍的公子而使用我这个人，这是对我的双重污辱。公子纠始终还是一个有为之人，因为他为齐国贡献了两种有为的大臣，一种是生臣，一种是死臣，你来做生臣，我来做死臣好了。我明知自己即将执政齐国而为公子纠自杀而死，他可以说是有死臣了，而你则可以帮助公子小白称霸诸侯，公子纠可说是有生臣了。死者完成德行，生者完成功名，德行与功名不可以兼顾，德行与功名的取得也都不是虚得的，我可以以一死就取得德行，你则需要用一生的努力来完成功名，无论如何，公子纠在天之灵都可以欣慰了。"

管仲了解召忽的想法，知道自己并不能说服他，他不清楚召忽接下来会如何做，但是他们现在都还只是囚犯，只能任由召忽去实现个人的人生理想了。

一行人离开鲁国都城曲阜，因为有囚车在队伍里，行进较慢，所以走了许久，一行人还是在鲁国的境内，管仲与鲁庄公打过交道，知道这个人容易受大臣的影响而改变观点，所以十分担心鲁庄公后悔并派兵前来追杀他们，于是临时编了一首歌，名叫《黄鹄歌》，内容如下：

黄鹄黄鹄!

戢其翼，絷其足，不飞不鸣兮笼中伏。

高天何跼兮，厚地何蹐！

丁阳九兮逢百六。

引颈长呼兮，继之以哭！

黄鹄黄鹄！

天生汝翼兮能飞，天生汝足兮能逐。

遭此网罗兮谁与赎？

一朝破樊而出兮，吾不知其升衢而渐陆。

嗟彼弋人兮，徒旁观而踯躅！

在这首歌中，管仲是借被困在笼中的天鹅来比喻困在囚车里的自己，表达自己志向，大意如下：

天鹅啊，天鹅！

收起你的翅膀，捆起你的脚，不能飞也不能叫，只能伏在笼中。

天那么高，你却只能曲着身子，地那么广，你却只能小步走路。

厄运的时候偏偏又遇到灾难。

只好抬起脖子大声呼叫，然后痛哭！

天鹅啊，天鹅！

你天生翅膀可以飞翔，你天生双足可以奔跑。

却被网住，谁可以救你出来？

一旦有一天破笼而出，

你可以飞出树林而不着陆，

让那猎人只能感叹，看着你飞翔而没有一点办法。

现在，推囚车的士卒们唱着这首歌推车不觉得劳累，因此行进的速度快了许多，很快便走过了鲁国的边境，进入了齐国，在这个时候，隰朋与管仲都松了一口气，这种安全的回归意味着齐国将要有一种全新的开始了。

三衅三浴

隰朋带着管仲等人离开鲁都曲阜之后，鲁庄公果然后悔了，他于是派军队追杀管仲，但是却迟了一步，只能懊恼不已，而管仲这边对天长叹，庆幸自己从鬼门关口走了一遭。

安全地进入了齐国境内，对于召忽却有不同的意义，这意味着他可以履行自己当初的诺言了，于是他趁着士卒给他食物的时候，突然拔过士卒的青铜佩剑，当即自刎而死，完成了他要做一个公子纠的死臣的想法。

人对于死各有各的态度，我们今天说“好死不如赖活着”，但是在春秋时代，死却成为表明自己志节的方式之一，卫国两公子争相赴死，召忽之死，甚至后来的介子推之死，无一不是在可以不死的情况下主动求死，不能不说这是中国历史人物的一种特别表现。

隰朋见召忽死了，十分难过，自责失职，担心管仲也想不开，于是下令将管仲的手脚捆绑起来，眼睛也蒙了起来，他却不知道，管仲自始至终都有着强烈的求生欲望，只要可以活着为齐国效力，实现自己的政治理想，他才不会去为某种虚伪的东西而死，这也正是中国文化的奇妙之处：有“士可杀不可辱”，则有“大丈夫能屈能伸”；有“杀身成仁”，则有“识时务者为俊杰”。有些人壮烈赴死，为我们留下了鲜志明节的形象，而有些人则忍辱偷生，同样为我们留下了光辉的一页，这两种完全矛盾的情形，就在姜纠的两个老师身上一一展示了出来。

关于召忽之死，也并非只有本书描述的这一种说法，根据《左传·庄公九年》的记载，召忽是在姜纠被杀而自己将囚的时候自杀而死的，《史记·齐太公世家》中的说法也与这个相同，但是《管子·大匡》的记载则是说他是在进入齐国的境内之后自杀的，本书采用了这种观点，作为一个固持操守的齐人，在齐境自杀可能会更符合召忽的想法。

众人进了齐境之后，发生了一件小插曲，因为刚才一阵疾走，大家都是又饥又渴，隰朋得知这里是齐国的绮邑，于是命令绮邑的封人（也就是地方长官）提供饮水与食物，这个地方长官头脑很灵活，知道管仲是个人才，而齐桓公的老师鲍叔牙又是他的好友，因此，他相信管仲绝不会被杀，并且会得到重用，因此决定讨好管仲一番，所以不但拿出了最好的食物，而且态度毕恭毕敬，跪在管仲的囚车之前喂他进食。

饭后，这个地方长官自以为有恩于管仲，有些得意扬扬，他悄悄问管仲：“如果您到国都之后幸免于死罪，而得到国君的重用，您将如何报答我呢？”没有想到，管仲竟不屑地对他说，“如果我得到了重用，那是国君看重我的才能，这是我自己的功劳，我凭什么报答你呢？今天你请我吃了一餐，日后我回请你一餐罢了。”这个地方长官碰了一

鼻子灰，只好悻悻而去。

他们一行人到达齐国的堂阜（今山东蒙阴县的西北）这个地方时，鲍叔牙早已在堂阜的驿馆里等候着，能够见到生命无忧的管仲，鲍叔牙欣喜不已，但是看到自己的好友、未来的国家栋梁竟然手脚被捆，眼睛都被蒙着，伤心不已，连忙令士卒打开囚车解开他的绑绳，但是管仲却制止了他，说："我是齐国的罪人，没有国君的命令，请不要解开。"

鲍叔牙回答："不必担忧，国君早已经宽恕你了，我在这里迎接你，也是主公的意思。"管仲当然知道，这样说不过是走走形式而已，他继续说："我与召忽共同侍奉公子纠，既没有让他最后获得君位，又不能避免他的惨死，作为臣属已经是失节了，现在反而侍奉公子纠的仇敌，如果召忽地下有知，也会笑我的。"

鲍叔牙安慰他道："夷吾此言差矣，成大事的人，不会在乎小的耻辱，立大功的人，也不会在乎小的挫败，你有满腹才华，只是没有遇到施展的时机。现在的主公志向远大，如果能够得到你的辅佐，将可以成就称霸诸侯之业，这样的巨大功劳可以名震诸国，难道不比为一个平庸的公子纠守节有益得多吗？"

鲍叔牙说出的其实是管仲的心里话，管仲是一个奉守实用主义路线的理想主义者，即便不是姜小白即位而换作其他可以获得齐国臣民支持的人，只要给管仲以施政的机会，管仲一样会继续为之出谋划策的。在管仲的世界观里面，他只为国家效劳，至于为国家的哪个人效劳，这不是最重要的，而且，在他的心里面还有一个不为人知的小秘密，他的血管里始终流淌着姬姓的血液，他甚至是想将齐国作为一个大平台，想要为姬姓的周王朝复兴出一点力，而他的这种心底的想法正好又与一心想要成就一番霸业的齐桓公不谋而合，两个人也就在春秋的舞台上合演了一台精彩的大戏，在齐国上演的这出戏中，齐桓公与管仲是主角，管仲应该感谢齐桓公给他表演的机会，同时，他更要感谢鲍叔牙，没有鲍叔牙的全力推荐，他也许活不到出台的这一天。

关于管仲这个人，后世三国时有一个人与他十分相似，谁呢？当然不是诸葛亮，而是曹操的谋士荀彧，荀彧对于曹操可谓是尽职尽责，曹操能统一北方，雄视中国，实在有赖于荀彧的协助，但是荀彧的最终理想绝不是帮助曹操建立属于曹氏的政权，而是借曹操提供的平台来匡扶汉室，所以说荀彧这个人是从管仲这个模子印出来的，再比较一下“奉天子以令诸侯”与“尊王攘夷”这两个政治口号的双重含义，我们就可以看出历史是多么的有趣了。

再回到管仲这里，鲍叔牙与管仲交流一番之后，就让人为他举行消灾仪式，按照齐桓公的指示，实行“三衅三浴”之礼，就是三次以香料涂身并沐浴，这在当时是表示欢迎的至高礼节（见《国语·齐语》）。管仲这个人早年历经坎坷，人生基本就是在一次又一次的失败中度过，而在经历过这次沐浴之后，洗掉了身上的晦气，从此之后，这个出身小商人早年屡遭挫折的高级人才果然再没有遇到什么大的磨难，人生一路高奏凯歌，取得圆满，这已经是后话了。

管仲沐浴更衣之后，便在鲍叔牙的陪同下到了国都临淄，让他意想不到的是，堂堂的齐国国君齐桓公竟然专程在临淄郊区迎接他的到来，这可不是一般的礼遇，其实齐桓公这样做也不单单是给管仲看的，也是给天下人看的。

齐国自姜太公立国以来，在人才策略上一直是采用“尊贤尚功”

这样的制度，齐国之所以在立国之后一直可以保持大国的地位，与这样的人才政策有着莫大的关系。当然，在齐桓公之前的“尊贤尚功”虽然也是不拘一格降人才，但是选才面始终还是在贵族士臣中选择能力突出的加以任用，而齐桓公则将这个政策继续向前推进一步，将选才的范围扩大到了社会上的更多层面，无论出身，只要是对齐国有用之人，将一律得到重用，在这一点上，曾经沦为平民，之前也没有太显赫资历的管仲得到重用就是一个很好的例证。

管仲见到齐桓公如此盛情迎接他，越发感觉有些不好意思，当时射那一箭的时候，他可是想要齐桓公的命，没有想到这样的大仇齐桓公都不看在眼里，反而如此热心地欢迎他，于是他将自己帽子的帽缨垂下来，将衣襟掩起来，特地让人拿着斧头站在身后，根据当时的礼节，这样的做法是向对方表明自己是个罪人，向对方认罪。

齐桓公当然明白管仲的意思，于是命令管仲让拿斧头的人退下，但是管仲却继续让拿斧头的人站在自己的身后，直到齐桓公第三次下命令之后，管仲才让持斧头的人退下，以此来表示自己的罪恶深重。关于我国古代认罪的方法还真是一门值得研究的学问，比如在几百年后的战国时代，赵国将军廉颇曾经背负荆条去向蔺相如请罪，这也是一种请罪的方式。无论哪一种方式，其夸张的形式都充分说明了认罪者的诚恳态度。

经历这样的一个认罪仪式之后，齐桓公拉着管仲的手说：“夷吾你的帽缨也垂下来了，你的衣襟也拉下来了，如此谢罪也已经足够了，你做一下准备，寡人准备在宗庙正式接见你，并有许多事情向你请教。”

很自然，接下来，将是一段君臣之间的对话，然而这却不是一段普通的谈话，齐桓公与管仲之间的对话成为了中国历史上最著名的对话之一。

庙堂陈谋

齐桓公是个急性子，一得到管仲，马上就向他请教为政之道。他说：“从前我们齐国的先君襄公，筑高台，修广池，耽乐饮酒，田猎捕射，不理国政。鄙视圣贤，侮慢士人，只知宠爱女色。九妃六嫔，侍妾数百之多。食必粱肉，衣必文绣。而战士挨饿受冻。战马的补充等待的是游车用过的老马，战士的给养使用的是侍妾食用的剩余。亲近歌舞、杂技艺人而疏远贤良大夫，所以国家不能日新月异地发展。我真担心有宗庙无人打扫、社稷无人祭祀的一天。请问该怎么办呢?”

管仲回答说：“从前我们的先王周昭王和周穆王效法文王、武王的远迹，以成其名。集合高年硕德的老人，考察人民当中表现好的，立典型以为规范。准备有格式的表卷，让人民原原本本地填写。然后用赏赐劝勉好人，用刑罚惩治坏人，治理人民始终如一。”齐桓公听到这里，很感兴趣，进一步请教治国之方。管仲提出了一连串的治国方案，齐桓公听了后，佩服得五体投地，这才真正明白了为什么鲍叔牙会如此崇拜管仲。于是，立即任命他为齐国的大夫，并委以齐国之政。

当时，齐国刚经历了将近一年的内乱，局势仍不稳定。于是齐桓

公又召见管仲请教安邦之策。齐桓公问道："国家能够安定吗？"管仲回答说："您能建立霸业，国家就能安定；建立不了霸业，国家就不能安定。"

齐桓公想的是如何尽快地稳定齐国、稳定君位，至于建立霸业之事，他连想也没想过。于是他略带不满地说："我不敢有那么大的雄心，只求国家安定就成了。"管仲坚持要谈建立霸业的事，齐桓公还是说："我不行。"管仲气愤地向桓公请求离去，他说："君幸而免我于死，是我的幸运。但我之所以不死节于公子纠，是为了把国家真正安定下来。国家不真正安定，要我掌握齐国的政事而不死节于公子纠，我是不敢接受的。"说完就走了出去。

"先生快回来。"刚走到大门口，齐桓公忙叫住管仲。

管仲只得回来了。齐桓公流着汗说："如果你一定要坚持，那我就努力图霸吧!"管仲躬身再拜，起来后说："今天您同意完成霸业，那我就可以秉承君命执掌齐国大命了。"

管仲说出自己的治国理念：欲建立霸业，称霸诸侯，第一步必须稳定局势，安定国内的民心，实现富国强兵的战略。要取得民心，首先是爱民，而爱民的关键是要富民。百姓富足了，国家自然就富强；国家强大了，建立霸业的宏伟蓝图也就实现了。

齐桓公不好意思地对管仲说："不瞒你说，寡人有三大缺点，你看还能把国家治理好吗?"

管仲说："我还不知道您到底有哪些缺点。"

齐桓公说："寡人喜好打猎，经常整日整夜地在田野里奔跑。诸侯使者不得当面致意，百官也无从当面汇报。"

管仲说："这虽然不是一件好事，但还不是最要紧的。"

齐桓公又说：“寡人嗜好饮酒，经常通宵达旦，诸侯使者不得当面致意，百官也无从当面汇报。”

管仲说：“这虽然也不是一件好事，但也还不是最要紧的。”

齐桓公迟疑了好一阵，最后才鼓起勇气说道：“很不幸，寡人好色，连姑姐都有留着不嫁人的。”

管仲回答说：“这也不是一件好事，但仍然不是最要紧的。”

齐桓公听管仲回答说自己的三大缺点都不是最要紧的，心下如释重负，但继而又怀疑管仲故意为之，便说：“这三者都可以，难道还有什么不可以的事情吗？”

管仲回答说：“国君能不能成事，只看他是不是优柔寡断和有没有上进心。优柔寡断则无人拥护，没有上进心肯定成不了大事。”管仲不以道德信条为最高标准，而注重事功，讲求实际，这是当时诸侯争霸、富国强兵的必然选择。

齐桓公又让管仲评论百官。管仲说：“升降揖让有礼，进退熟悉礼节，言辞刚柔有度，我不如隰朋，请任命他为大行（负责礼仪和招待宾客的官）。开发荒地使之成为城邑，开辟土地使之增产粮食，增加人口，尽土地之利，我不如宁戚，请任命他为大司田（亦作大司农，负责农业生产的官）。在平原广郊之上，使战车不乱、战士不退，鼓声一响而三军视死如归，我不如王子城父，请任命他为大司马（负责军事的官）。判案公平，不妄杀无辜的人，不冤枉无罪的人，我不如弦宁，请任命他为大司理（负责司法的官）。敢于冒犯君主的威严，进谏必忠，不怕死，不贪图富贵，我不如鲍叔牙，请任命他为大谏（负责向君王指陈过失以劝谏的官）。这五个人我一个都比不上，但是要用我去换他们，我也不愿意。君主想要治国强兵，有此五人就足够了；但

如果要图霸王之业，非微臣不可!”

齐桓公完全采纳了管仲的建议，并让他们五人都受管仲的节制。

齐桓公又问管仲，在外交方面有哪些人可用。管仲建议说：“公子举为人见闻广博而且识礼，好学而且言语谦逊，请派到他鲁国，开展外交；公子开方为人灵活而敏捷，可出使卫国，开展外交；曹孙宿为人有小廉而且有小聪明，十分谦恭而且善于辞令，正合乎荆楚的风格，请派他去那里，开展外交。这样，就可以充分发挥个人的特长与能力，尽量结交诸侯，建立与诸侯的稳固联盟，为我们下一步称霸天下做准备。”

齐桓公都一一答应了。

管仲虽被齐桓公任命为大夫，执掌国政，但他深知自己出身微贱，齐国那些高傲的门阀贵族并不会听从。高、国二氏是周王室所任命的卿士，比一般诸侯的卿大夫地位高出许多，而且掌握着齐国的实权。在这个等级社会，地位低贱的贫穷之人要去管理那些地位很高的纨绔子弟是相当困难的。

于是，他向齐桓公要求说：“虽然臣能得到君主您的信任，但是臣的地位卑下。”齐桓公便把管仲的等级提到高、国二氏之上。

管仲又说：“承蒙君主的提拔。然而臣虽然地位提高了，但仍很贫困。”齐桓公想了想，决定把齐国一年的货物税赐给他。

管仲又说：“承蒙君主您的惠赐，臣已很富有了。但是臣与君主的关系很疏远。”齐桓公沉吟片刻后，决定拜管仲为“仲父”。

管仲这才敢毫无顾虑地开展改革。

因能授官

齐桓公曾问管仲：“怎样做才能治而不乱，明而不蔽?”管仲回答说：“只要做到明分任职，就能做到治而不乱，明而不蔽。”就是说要让官吏明确自己的职责，并根据其职责来监督其工作情况，胜任的可以继续为官，不胜任的就要罢免。在这一思想的指导下，齐桓公礼贤下士，广招贤才。

春秋时期的人都非常重视等级、礼仪，迎接四方之贤才，当然要用高规格的接待礼仪。古代邦国在朝觐、祭祀和商议军国大事时，要在大庭中燃烧火炬，称为“庭燎”，并且根据爵位之高低，所用庭燎之数也有很大的差别，如天子为一百，公侯为五十或三十不等。为了招徕人才，齐桓公竟僭用天子之礼节来接待士人。但是，一年过去了，仍不见士人的影子。

这时，齐国东部农村有个乡下人自称擅长九九乘法口诀，前来应聘。齐桓公本不想见，但转念一想，一年过去了，连士人的影子也不见一个，如今好不容易来了一人，虽然算不上什么有用的才士，但也不应该断然弃之，否则别人会耻笑自己，于是叫人把此人请了进来。齐桓公先不客气地将了他一军：“会九九之术算不了什么能耐吧，为什么请求见我?”乡下人回答说：“臣也不认为会九九之术是什么大才

能。不过我听说主君设庭燎之礼以待士人，但过了一年都没有一个人前来应聘，主君想过这是为什么吗？”

乡下人看着齐桓公茫然的眼神，停了一会儿继续说：“士人之所以不来，是因为主君是天下著名的国君，四方之士人都自以为见解及不上主君，所以不敢来。九九之术是微不足道的技能。但是主君尚且加以重视。优礼微臣，何况那些拥有远远超过九九之术的才士？泰山不拒壤石，所以才那么高；江海不拒细流，所以才那么大。《诗》云：‘先民有言，询于刍荛’，意思就是说要集思广益，连草野鄙陋的人意见也不放过。”

齐桓公听后，对这个乡下人肃然起敬，连声夸奖道：“说得好！说得好！”并下令以礼优待此人。

齐桓公优待这个会九九之术的乡下人的故事就像长了翅膀，很快传遍了齐国，又传到整个中原地区，四方前来投靠齐桓公的能人志士蜂拥而至。

齐桓公不但设立庭燎之礼，还注意接待好来自各诸侯国的客人。齐桓公委派隰朋管理东方各国的事务，委派宾胥无管理西方各国的事务。齐国国内每三十里设一驿站，准备好食品，设官管理。凡各诸侯国来的官吏，派专人、专车为他们负载行装。若是住宿，派人替他们喂马并以所备食品招待。如果待客标准与收费标准不当，则要追究管理者的罪责。齐桓公还规定，凡国内官吏引荐其他诸侯国士人来到齐国做事，引荐得好，视所荐对象能力的大小，给予赏赐；引荐得不好，也不追究。齐桓公还派出“游士八十人，奉以车马衣裘，多其资币，使周游于四方，以号召天下之贤士”。后来齐国的强盛，除了管仲的各项改革之外，广招贤才，使齐国人才济济也是其中的一个重要原因。

在齐桓公选拔的众多人才之中，以宁戚和东郭牙最为著名。宁戚我们后面再讲，桓公发现东郭牙，也有一个有趣的故事：

有一次，齐桓公想攻伐莒国，本来这事就齐桓公和管仲两人知道，但实际上却是国人皆知。管仲知道齐国一定有高人，齐桓公听管仲这么一说，突然想起了一件事，忙对管仲说："对呀，我想起白天曾看见一个服役的人，老是踮着脚跟向我们这边张望，会不会是此人呢？"

管仲认为有此可能，就下令让当天服役的人明天再服役一天，谁也不许替换。

第二天，齐桓公和管仲一起站在高台上观察，见一个服役的人不时向这边张望一下，管仲对齐桓公说："肯定是此人。"立即命人把他请来，待以上宾之礼，分宾主站在台阶上。管仲问他的名字，回答说叫东郭牙。管仲单刀直入地问道："你是不是传播齐国要讨伐莒国消息的人？"东郭牙也直截了当、毫不隐讳地说："就是我。"管仲又问："我没有说过要伐莒，你为什么到处说齐国要伐莒？"东郭牙回答说："我听说：'君子有三种表情：面目开朗而呈和善愉悦之态的是有音乐时的表情；气色暗淡而有严肃之态的是有丧事时的表情；面色恼怒而身姿沉稳端庄的是有战争时的表情'。昨天我看见您站在台上，面色恼怒，身姿沉稳端庄，这表示将有战争发生。又见您说话的口型，口张而不闭，像是发莒音，还见您用手指着莒国的方向。我再一想，现在诸侯中有谁对齐国不服呢？想来想去就只有莒国了，所以我断言齐国要征伐莒国了。"管仲暗暗称奇。东郭牙后来做了齐国的大夫，负责进谏。

选拔人才的目的在于使用人才为国家服务。在人才的管理和使用上，管仲注意到要使官吏的品德与地位相称，使官吏的功劳与俸禄相

称，使官吏的能力与官职相称，并把这些看作是国家治乱的根源，称为“三本”。他认为，在一个国家，对于德义没有显著于朝廷的人，不可授予尊高的爵位；对于功业没有表现于全国的人，不可给予优厚的俸禄；对于主持政事没有取信于人民的人，就不能让他做大官。否则，不是“有过”，就是“有失”。这是因为如果有德义不显于朝廷而身居高位的人，贤良的大臣就得不到重用；如果有功劳不著于全国而享有重禄的人，勤奋的大臣就得不到鼓励；如果有主持政事但不能取信于民而做了大官的人，有才能的大臣就不会出力。

在管仲看来，取得人才固然重要，但更为重要的是合理使用人才。他说：“天下不患无臣，患无君以使之。”怎样才能发挥人才的作用？除了有一套任命、监督、考核等管理制度外，更重要的是要因能授官。管仲在官吏的任用上，正是遵循的这一原则。隰朋聪明敏捷，善于处理一些微妙的关系，因而派他负责处理东方诸国的事务；宾胥无性格坚强，不畏强暴，坚持原则，因而派他负责处理西方诸国的事务；鲍叔为人耿直，疾恶如仇，正好用来监督、考核官吏。让王子城父负责军事，让弦宁负责司法，让东郭牙负责进谏等，皆遵循的是因能授官的原则。

高人宁戚

宁戚出身微贱，早年怀才不遇，曾为人挽车喂牛。直到有一天得遇慧眼识英才、不拘一格选人才的齐桓公和管仲，才被齐桓公举火授爵，拜为大夫，后又官授大司田，分管齐国农业，成为齐桓公的股肱之臣。

有一次齐桓公征伐一个小国，走到半路，看到一个放牛人，此人就是宁戚，他悠闲自得，还唱着歌，大意是说现在世道不平，长夜漫漫。齐桓公心想，齐国在我的统治下国势强盛，百姓安居乐业，怎么能说是长夜漫漫呢？就让人把他带过来。没想到宁戚见了齐桓公依然傲慢无比，只是象征性地拱了拱手。齐桓公说：“我大齐国，天下太平，万象更新，你怎么这么唱呢？”宁戚回答道：“我唱的句句属实，你说你齐国百姓安居乐业，你又为盟主，攻无不克，战无不胜，其他诸侯国没有不听你的，但我觉得你言过其实。我知道你当国君之时，险些丧命，与鲁国交战，又被曹刿打得大败而归。你说你是盟主，可那次会盟只有四个国家前来参加，后来宋国又悄悄溜走，通知开会的其他十来个诸侯国都没有参加。还有那次柯地盟约，你被曹刿拔剑相劫，不得以交出汶阳，你又怎么能说你的命令其他诸侯言听计从呢？”

齐桓公大怒，下令把宁戚绑起来斩了。而宁戚却丝毫不怕，反而

大笑起来，说道：“别人都说齐桓公开明，礼贤下士，而且度量大，今日一见并非如此，与昔日的夏桀、商纣一样，是一个昏庸、滥杀无辜的暴君。管仲还要我投奔这样的人，管仲也是没有远见之人啊!”

齐桓公冷静了一下，心想：此人绝非凡人，不然管仲怎么会推荐他呢。于是忙叫人将宁戚带回，齐桓公亲自松绑，边松绑边说：“先生莫怪罪，我只是想试试先生的胆量，今日一见，先生果然胆识过人。”宁戚从怀中拿出了管仲的信，对齐桓公说：“主公，我并非真正辱骂你，如果你是昏君，我宁戚还会在此等候多时，投奔于您吗？我只是试试您的气量。”

齐桓公觉得宁戚果然有胆有识，与他谈论起天下事，宁戚分析深刻、明晰，很有道理，深得齐桓公的赞赏，于是齐桓公拜宁戚为大夫，并为他准备了一辆车，一起前去攻打宋国。

这一日，齐桓公率兵到达宋国边界，与管仲、陈、曹的军队会合。齐桓公准备下令攻城，宁戚却劝阻道：“主公，我们不能轻易出兵，我们大军抵达宋国边界，宋国不敢放肆，我们应先礼后兵，看宋国能不能心悦诚服地归附我们。如果他们不归附，我们再发兵也不迟啊!”齐桓公觉得很有道理，这时有大臣说道：“宋国对我齐国首先无礼，无视我大齐，跟他还讲什么礼不礼的，干脆攻打他算了，如果找人去劝说，劝说不成再攻打，恐怕那时宋国已做好了应敌准备。”宁戚说道：“我大齐军队远道而来，宋国早已知道，不在乎这一时片刻，如果他不归附，一定早已想好了对策。另外，我大齐霸业初成，别人无礼，我亦无礼，岂不是一丘之貉。这样，其他诸侯国也不会心悦诚服地归附我们。”

于是齐桓公派宁戚前去说服。这时，宋国正在商议对付齐国的办法，准备拼死一搏，忽听有人报：“齐国使臣宁戚来见!”

宋公不知宁戚是何许人也，也从没有听说过宁戚这个名字，有个大臣叫戴叔皮，对宋公说道：“宁戚原本是卫国一个放牛的，在路上骂了齐桓公几句，齐桓公反而觉得他有才能，后来拜他为大夫，他到我们这里来，一定是说客。”宋公问道：“我们怎么办?”戴叔皮答道：“我们到时候看他怎么说，如果有不妥之处，我就扯一下主公的衣服，主公就命人将他拿下。”

宁戚目不斜视，昂然上殿，根本没把两边的武士放在眼里。见到了宋公，宁戚不卑不亢地拱了拱手，对宋公说：“报告宋公一个不幸的消息，宋国已大难临头了。”一句话说得宋公目瞪口呆，那副盛气凌人的样子一下子就没了。他知道自己有些失态，赶紧故作镇定地说：“何出此语，我宋国乃一等公爵国。”

宁戚笑了笑说道：“宋国虽是一等公爵国，但是并不强大，宋公不礼贤下士，有才能的人不想辅佐您，天下百姓也不归附您，这岂不是大难临头吗?今大齐兵强马壮，与宋国有隙，大军浩浩荡荡地在外安营扎寨，准备随时攻打宋国，宋国岂不危险吗?”

这时，戴叔皮早已忍无可忍，扯了一下宋公的衣服，而宋公认为宁戚说得很有道理，不但没有下令杀他，反而亲自走到宁戚面前，给他看座。这可把戴叔皮气坏了，可没有办法，君不下令，臣不敢妄动，而两边的武士也都像泄了气的皮球，原来紧握剑柄的手也松开了。

宋公满脸赔笑问道：“大齐军队压境，我宋国应如何应战?”宁戚答曰：“齐强宋弱，不可硬拼，那样做，不仅黎民百姓受罪，而且宋国国力受损。不如和齐国订立盟约。齐国本次出兵也并非想与宋国为敌，而是奉了周天子的命令。如果宋国主动议和，齐国一定会撤兵。

到那时，百姓一定会为此而感激您，您的威望一定会加强，天下贤士也一定会投奔于您，您也可以借此良机发展国力，强大军队。”

宋公听了宁戚的话，觉得非常有道理，于是备上了厚礼去见齐桓公。齐桓公非常高兴，没有动用武力就迫使宋公心悦诚服地订立了盟约。

齐桓公把宋国送的厚礼，全都转给了周天子。周天子觉得齐桓公深明大义，十分高兴，又奖赏了齐桓公。而其他诸侯国也觉得齐桓公不计私利，值得信赖。

宁戚不辱使命，凭借三寸不烂之舌说服了宋国，使齐国没费一兵一卒就达到了目的。

长勺之战，鲁师败绩

曹刿一番话说得鲁庄公心悦诚服，点头称是，越发感觉曹刿是个不可多得的人才，于是想任命曹刿为大夫，但是曹刿对大夫这个官衔并不感兴趣，鲁庄公虽感惋惜，却也不强迫他为官，赐予了大片土地给曹刿作为食邑。

管仲的富国政策

齐桓公不愧是一代明君，他明智地认识到对于刚刚从内乱中平复的齐国，想要争霸，还是要从内政做起。于是他任命管仲为卿，在齐国掀起了一场全面的改革。

随着周平王东迁和周王室地位的下降，宗法制在事实上已经土崩瓦解，那么以宗法制度为核心的户籍管理制度也需要相应的改革。春秋时期，各个诸侯国都有国（国都以内）、野（国都以外）之分。管仲将国都以内地区划分为二十一乡，分别为工、商和士居住，其中工乡三，商乡三，士乡十五，士乡由齐桓公和高子、国子两家贵族各管五乡。乡（二千家）下有连（二百家）、里（五十家）、轨（五家）。

从属关系为：五家为轨，十轨为里，四里为连，十连为乡，分别由轨长、里司、连长、乡良人（或乡大夫）管理。国都以外地区为五属（区），为农民居地。属（九千家）下有县（九千家）、乡（三千家）、卒（三百家）、邑（三十家）。从属关系为：三十家为邑，长官称为邑有司；十邑为卒，长官称卒帅；十卒为乡，乡官称乡帅，三乡为县，长官称县帅，十县为属，长官为属大夫和属正长各一人，由朝廷的五大夫直接管理。

管仲推行的这一制度称为“三国伍鄙”制度，它废除了分封制度下的贵族采邑，而代之以一种类似于后世郡县制的体制。不仅是一种日常行政管理的基本架构，有利于人员管理和赋税征收，它还直接与兵役制度结合起来，在齐国的争霸战争中起到了重要作用：由于“三国伍鄙”制度使用了轨、里、连、乡这种层层管理的体制，很容易在战时转化为军事建制。

根据管仲的设计，国都下属的二十一乡中，除去工商六乡外，尚有十五士乡：每家都出一名壮丁参军，一轨五家，便有五名兵士；以此类推，一里五十家，出五十名兵士；一连二百家，出二百名兵士；一乡二千户，出二千名兵士；五乡一万户，出一万名兵士，一万名兵士编为一军，十五士乡共有三万户，则共有三万名兵士，可编为三个军，平时作为行政长官的轨长、里司、连长、乡良人在战时变为军事长官，负责统领本地区所召集的士兵，齐桓公，国子，高子则分别统率一军。

此外，管仲还改善了士兵的来源。春秋时期，后世那种以战争为职业的雇佣兵还没有出现，各国普遍实行的是义务兵役制，也就是说，平日里安居乐业的老百姓，在战争时摇身一变就成为冲锋陷阵的士兵，这就是所谓的入则为民，出则为兵，齐国自然也不例外。基于这一情况，管仲决定将“士”这一阶层作为齐国军队的主要来源。

提起“士”，人们往往容易想到手无缚鸡之力，只能舞文弄墨的儒生和秀才，其实那是很久以后的事情，春秋时期的“士”和这一形象相去甚远，如果一定要找一个参照物的话，他们倒更加接近于西欧中世纪的“骑士”。春秋时期的“士”需要掌握六艺，即礼、乐、射、御、书、数，换句话说，一个标准的“士”应该文能提笔安天下，武能上马定乾坤。所以，和农、工、商等阶层相比，他们

的素质相对更高。

如此一来，齐军的个人素质大为提高，其战斗力直线上升；不仅如此，军事体制与日常行政架构联系紧密，可以随时进行无缝切换，这使得军队的建制更为规范，也大大提高了军队的作战效率，同时还减轻了国民的负担。

此外，为了提高军队的实际作战能力，管仲还设计了一种行之有效的训练方法：规定军队每个季节都要外出打猎，一方面使士兵熟悉作战技能，另一方面也有清除兽害，维护治安的作用。此外，管仲还要求士乡之人不得随便迁徙，并且要做到“祭祀同福，死丧同恤”，世世代代相亲相爱，这样，兵士出于私交，就能够“居则同乐，死则同哀；守则同固，战则同强”，即使夜间作战也能从声音上辨别敌我，而白天作战，只要看见容貌就能认清身份。

当然，军队的强大除了要提高军队的战斗力之外，还需要先进的武器。春秋时期出现的冶铁技术对农具和武器有着十分重要的意义。可是，如何才能迅速集中铁原料呢？管仲想出了一个“宽刑赎罪”的法子：他宣布，齐国的罪犯可以通过缴纳武器盔甲甚至矿石的方法抵消刑罚。犯重罪可用甲与车戟等值的钱物赎罪；犯轻罪可用与车戟等值的钱物赎罪；犯小罪可以用铜铁赎罪。这一制度不但解决了军备来源，而且增加了国家财政收入，也缓和了国内矛盾，收到了事半功倍的效果。

通过政治和军事方面的改革，齐国已经具备了较为先进的政治体制和一支战斗力很强的军队，但是要维系国家机器的运转，还需要仰仗雄厚的经济实力，因此管仲在经济方面也进行了一系列的改革。

富庶的临淄城

齐国在管仲主持下的政治军事改革虽然轰轰烈烈，但对于任何改革措施来讲，首先要有充足的财政支持做保障，齐桓公并非不懂这个道理，他曾经担心地向管仲询问财货从何而来。而管仲对此早已胸有成竹，因为他早就针对齐国得天独厚的自然条件，设计了一套经济改革的方案。

齐国位于今天的胶东半岛一带，此地丘林众多，又有漫长的海岸线，虽然在农业方面的发展潜力要稍逊中原一筹，不过却坐拥渔盐之利，更有不少矿产资源可以开发。此外，四通八达的水陆两路交通也便于货物的运送流转。

为了最大程度地利用这些优势，管仲确立了优先发展手工业的国策——单单把商贾吸引到齐国来还不够，还需要让他们看到此地有利可图。

首先，将采矿业和制盐业收归国有。“销山为钱，煮海为盐”，开矿冶铁、晒海煮盐可以允许私人开采，但必须由官府专卖，不准私人贩卖。这样一来，原本掌握在贵族甚至商人手中的盐铁贸易被牢牢地把握在了国家手中，从根本上控制了齐国的经济命脉，通过垄断，获得了高额的利润。其次，大力推销齐国的土特产品。“通齐国之渔盐

于东莱”“皮币玩好，使民鬻于四方”，同时给予来自四面八方的行商坐贾以减免税收的便利。正所谓“天下熙熙，皆为利来”，面对如此优惠的政策和丰富的产品市场，商贾们自然闻风而动，很快就挤满了临淄城，这是以前从来没有过的盛景。

为了将大量的商人吸引到齐国，管仲还想出了一条堪称空前的妙计。管仲为相后不久，临淄的国人惊讶地发现，在临淄城最繁华的街道两侧盖起了大片的房屋，每到晚上，就有无数打扮得花枝招展的美女逡巡其中，她们或倚门卖笑，或浅吟低唱，整条街上灯红酒绿，把个临淄城装点得热闹非凡。

齐国国人在惊讶之余，也只是觉得偶尔有些吵闹而已。不过有见识的人很快就发现，自从这些被称为“女闾”的官营风月场所开张后，临淄城内忽然多了不少慕名而来的外地人，简直达到了摩肩接踵、挥汗成雨的地步，而齐国的金库，也日渐充盈了起来。

管仲不愧是一个思维开阔的改革家，他居然能够想到通过开设风月场所来增加财政收入的妙计。根据清代学者褚人获所著笔记《坚瓠续集》的记载：“管子治齐，置女闾七百，征其夜合之资，以充国用，此即教坊花粉钱之始也。”管仲堪称是这一古老行业的创始人。

其实对于管仲而言，开设风月场所的目的并不仅仅是为了广开财源，更重要的是，这可以招徕大量的外地人，有了人员的流动，就有了经济上的交流。曾经做过商人的管仲非常重视商业的发展，他在临淄开办了七处市场，吸引了各地的商人，又用风月场所让他们流连忘返。

为了应付商品经济日益繁荣的局面，管仲还下令铸造钱币。根据经济学理论，在贵金属货币出现之前，曾经有过一个以物易物的交换时期，随后则会出现一种一般等价物可以通吃所有的交换行为。在齐国，由于大多数国人都与海洋打交道，织网捕鱼，煮海晒盐，因此对小刀的需求颇为广泛，因此曾经一度以刀作为一般等价物。管仲所铸造的钱币也模仿了刀的形状，这就是直到今天还能看到的刀币。后来这种刀币的形制也被燕赵等地采用，由此可以看出齐国繁荣的商业对其他国家的影响。

当然，发展商业固然重要，但在两千多年前，它并不能够完全支撑一个国家的经济。民以食为天，农业生产才是当时社会经济的重中之重，只有发展雄厚的农业基础，让老百姓有饭吃，国家才能稳定。随着铁制农具的使用，井田制已经严重地阻碍了生产力发展，那么就必须针对新的形势进行农业改革。

管仲深刻地认识到了这一点，“仓廪实而知礼节，衣食足而知荣辱。”这句话的意思大致类似于后世的“经济基础决定上层建筑”。

为了发展生产，管仲索性将已经名存实亡的井田制一举废除，承认土地私有化，并且允许土地买卖。这一政策极大地鼓舞了土地所有者的生产热情——以前耕种土地是为了国家，现在收成都是自己的，焉有不劳动之理？而且，土地买卖所导致的土地集中也便于新农业技术的推广。这一点很好理解，在井田制下，土地被分割得七零八落，放头牛进去连转身都有困难，怎么可能拉犁耕地呢？随着井田制的废除，齐国出现了一个农业生产的高潮。

当然，促进农业生产的根本目的，还是为了增加税收。在井田制时代，赋税是通过奴隶和平民对公田的无偿劳动得到的，但井田制一废除，这个办法显然行不通了——“公家”既没钱，也没有奴隶。管仲提出了相应的解决之道：“相地而衰征。”这一政策的意思是，根据土

地的地理环境和收成多寡，将其划分为三六九等，例如平地、丘陵、海滨、熟田、生田等，再按照等级分别征税。这样既符合了土地私有化之后的局势，又尽量照顾到生产者的情绪。

为了保护农业生产的积极性，管仲还提出了“无夺民时”的主张，即不在农忙季节征发劳役；禁止滥伐滥捕，保护自然资源；禁止贵族抢夺平民的牛羊去作祭祀用，保护牲畜的繁殖。通过这一系列措施，奴隶主贵族对平民和奴隶的人身控制进一步松弛，新的社会经济模式逐渐固定下来。

管仲在齐国推行的全面改革取得了立竿见影的效果，仅仅数年时间，齐国就基本上从奴隶制经济中转型出来，向封建经济迈出了重要而坚实的一步。接下来，齐国就要重新踏上扩张之路，举起霸主的旗帜了。

五顾小臣

齐桓公是求贤若渴、对人才既重视也重用的统治者，与其他重视人才的统治者不大一样的是，齐桓公对于人才的重视不只是体现在对个别人才的重视上面，而是在于整个人才群体，他试着建立起一套征聘重用人才的体制。

在齐桓公的人才战略中，人才没有依据出身而分为三六九等的。

只要是对齐国有帮助的人才，无论是公室贵族，还是乡野平民，他都给予施展才能的机会。所以我们在上面的事例中看到了齐桓公对于前代众臣的继续使用，看到了他对鲍叔牙与管仲的重用，看到了他对一个只会九九之数却对宣传齐国人才政策有极大帮助的东野之人的礼遇，在中国历史上似乎很难找出有其他的统治者可以做到这样重视人才的广泛性。

总之，齐桓公对于人才的重视程度是超乎我们想象的，我们还可以从一些历史典故中看到众多齐桓公重视人才的事例，在这里介绍两个他重视平民人才的事例。

一个典故是《韩非子》中记载的关于齐桓公五顾小臣稷的故事。

据说在齐桓公即位后，四处收揽人才，他听说齐国有一个名叫小臣稷的处士（处士就是有才德但是隐居起来不愿做官的人，在中国古代有大批这样的人，有的人是真心不想出来做官，有些人则是借此标榜自己罢了），许多人都说这个人很有才华，齐桓公用才心切，于是便前去拜访他，希望请他出来为国家做事，但是令他没有想到的是，小臣稷却拒绝见他。齐桓公连去三次，结果三次都吃了闭门羹。

齐桓公的先祖姜尚刚建齐国的时候，也遇到一件类似的事情，当时齐国有一对兄弟，是比较有才华的人，姜尚听说他们有才，便前后三次登门请他们出来做官为国家做事，均被兄弟二人给拒绝了，姜尚于是下令杀掉了他们，据说这也是姜尚建立齐国之后首次动用死刑。那个时候，齐国刚刚建立，需要树立权威，对于这两个人的行为，姜尚显然认定是非暴力不合作式的无政府主义，任由这样的行为蔓延开来，将无法稳定齐国的局势，不利于国家的治理，所以不惜痛下杀手，以树立国威。

时光荏苒，姜尚的第十二代孙齐桓公遇到同样的事情，但是这时的齐桓公并没有生气，他甚至对建议惩罚小臣稷的大臣说："国君如果不施仁义，就不能招来民众之中的贤才，如果民众中贤才不是轻视高官厚禄，就不会怠慢国君了。"然后继续登门拜访这个人，直到第五次亲访，齐桓公的诚心终于打动了小臣稷，他表示愿意为国效力。

后世三国之时，刘备请诸葛亮出山，不过是三顾茅庐，而近千年前的齐桓公却放下架子，为了一个人才而五次登门，如此气量，确非一般人所能比的。

另一个典故是《韩诗外传》中记载的齐桓公重用麦丘邑人的故事。

当然这个麦丘邑人并不是一个人的姓名，而是指麦丘（今山东商河县西北）这个地方的一个老人。齐国距离今天年代太过久远，这个老人的具体名字已经无法从历史上找到了。齐桓公喜欢打猎，有一次在追猎物的时候一直追到了麦丘这个地方，遇到了一位老人。齐桓公听说老人有八十三岁了，在中国古代人们都十分敬重老人，将长寿之人当作是国家之宝。齐桓公见到他自然十分开心，于是想借这个长寿老人的吉言给自己即将到来的生日说几句好听的话。

老人于是说了三句话：第一句是"祝国君长寿，使国君看轻黄金玉石，把人才当作宝贝"；第二句是"祝国君长寿，使国君不会因为羞于学习而停止向下人请教，有才华的人可以聚在身边，提意见的人也可以得到采纳"；第三句是"祝愿国君不会得罪大臣与百姓"。

麦丘老人的前两句话让齐桓公很高兴，但是第三句话却是他无法接受的，他有些生气地对麦丘老人说："我只听说过，子辈不能得罪于父辈，大臣不能得罪于国君，没有听说过国君不能得罪大臣民众的话，你的这个祝愿不好，与前面两个不匹配，应该更改这个祝福。”

麦丘老人本来是坐着的（春秋这个时代，还没有凳子、椅子之类的东西，人们都是在地上铺张席子，直接坐在地上的。今天中国已经没有这样的坐法了，不过受到中华文化影响的日本与韩国则还保留有这种传统。当然这种坐也不是乱坐，最正规的姿势是双腿跪在地上，然后屁股坐在腿上），听到齐桓公的这句话，站了起来，激动地对他说：“这第三句话，是比前两句还重要的，是它们的前提。孩子得罪了父亲，可以由姑姊叔父这些人从中斡旋，从而得到父亲的宽容；臣下得罪了国君，可以由国君身边的亲信进行斡旋，从而得到宽赦。从前，桀得罪了汤，纣得罪了武王，这都是国君得罪了臣下，结果都被推翻了，得不到宽赦。”

麦丘老人的话一下子打动了齐桓公，对他的启发很大。当即扶这位乡间的老人上了自己的车，亲自驾车载着他回到国都，以庭燎之礼接待他，并封他做了麦丘这个地方的行政官，负责管理当地的事务。

在这个典故中，齐桓公本是去麦丘这个地方打猎的，但是即使在休闲中他也没有忘记为国招徕人才，这说明他对于人才的渴望绝非只是面子工程，而是实实在在的，而对于麦丘提出的“人本主义”思想的接受，我们也可以看出这是一个真正尊重人才、礼遇下士、看重百姓的君主，所以他日后的成功就绝非偶然了。

齐桓公不但用庭燎之礼这样礼节性的仪式欢迎各地人才，同时也注意为前来的人才解决实际的问题。他专门指定了隰朋负责管理接待来自东方各国的人才，指定宾胥无管理接待来自西方各国的人才；下令全国各地的驿站要接待好前来投靠的各地人才；下令凡是国内的官吏引荐其他国家的人做事，如果引荐得好，就有赏赐，而引荐得不好，也不追究责任。

齐桓公并不限于在齐国等人才上门，而是主动出击，专门成立了一个国外人才引进机构，组织了一个八十人的庞大队伍，给他们极好的待遇，让他们周游列国，目的就只有一个，向所到之处宣传齐国的人才政策，吸引各地人才前来齐国求发展。

齐桓公每年举行春秋两季的“角试”来选拔天下武艺高强之士，这大概也算是有史记录的最早的武林大会，通过“角试”一方面可以选拔出武功高强的人士增加齐军的战斗力，另一方面也是通过这样的形式，推动全社会的尚武习武之风，提高整个齐国人的身体素质。

正是因为齐桓公对于人才的重视，各国的各类人才趋之若鹜，纷纷涌到齐国，齐国的国都临淄成为当时东周列国人才流动的第一目的地城市。

朝中五大贤臣

齐桓公在经过一番大规模的人才征集之后，决定自上而下地调整官员队伍，将一些有能力的人才放到相关的岗位上，其中调整国家的高级官员一事则是重中之重。

虽然齐桓公本人对许多官员的能力有所了解，但是还是想再征求一下管仲的意见，管仲发表了自己对国内一些官员的看法，他说：

“隰朋深谙礼仪与宾客接待事宜，建议由他出任大行一职（主管外交）；宁戚懂得如何发展农业、增加粮食产量，建议任命他为大田（主管农业）；王子城父懂得如何率军参战，建议任命他为大司马（主管军事）；弦宁判案公正，不冤枉好人，不便宜坏人，建议任命他为大理（主管刑狱）；鲍叔牙进谏必忠，不贪图富贵，建议任命他大谏（主管监察），这五个人各有各的才华，在各个单项上，我都不如他们，只要有了他们，我国实现富国强兵应该是没有问题的，但是主公要图霸主之业，则一定要有我管夷吾在此。”（见于《韩非子·外储说左下》）。

对于管仲的这一些看法，齐桓公是完全同意的，他很快就在齐国完成了即位之后第一次大规模的官员调整，“桓管五杰”也正是因此得名。当然，对于大行、大田、大司马、大理、大谏这五个重要职务的人选，各种史料中还有其他的说法，比如有说法是由东郭牙出任大谏一职，还有说是大理由宾胥无出任，考虑到这些官员的人选对于本书接下来的内容并无大的影响，因此在这里不做具体的考证。

在这里，我们可以对春秋时代周王朝与诸侯国的官制作一个了解。在那个时代，人口的数量并不多，齐国在齐桓公时代是一等一的大国，但是人口应该不过百万左右，官员的数量也比较少，每一个官员所要处理的事情就比较多，因此官员的分工并不是太细，诸侯国的高级官员的职称只有卿（分为上卿、下卿或亚卿）、大夫（分为上大夫、下大夫）两个大的级别，而官职只不过是几个类别，当时的重要职官是司徒、司马、司空，其次为司寇。司徒治民，“司”是掌管、“徒”是徒役，指服军役和各种劳役的民众，司徒治民事，掌户籍；司马治军，战国以前重车战，兵车都用马拉，所以以“马”命官，掌管军事的官就称司马。司马的佐助称为少司马。主管养马的校人（或称校正）是

司马的属官；司空管土地，主要职责是测量土地的远近、辨别土地的好坏，以便授予民众耕种，并编定赋税的征收数额；司寇掌管刑狱诉讼，治寇盗。这些官称在中原列国多有设置，其职司也大同小异。主管刑狱的官还有称作理、士、大士、尉氏等。

齐桓公通过这次官员的调整，进一步强化了管仲的地位，让大行、大田、大司马、大理、大谏等五个高级官员都受到管仲的节制。齐桓公知道，即便是起用了许多普通出身的官员，齐国的高级官员仍多是贵族出身，担心管仲的权威受到影响，后来授管仲为下卿。为什么是下卿呢？这是因为齐有国氏、高氏二卿，由周天子所命；而管仲为桓公所任，其爵位为下卿，以表示齐对周王朝的尊重，其实管仲所享受的待遇完全是正卿级的，这就将管仲的地位放到了与国、高同等的位置上来，然后齐桓公学习武王尊姜尚为“尚父”的方法，尊管仲为“仲父”，让大臣们看到他们君臣之间的亲密关系，有利于管仲的施政。同时，他考虑到管仲出身贫寒，又特别赐封了大片土地给管仲，让他可以安心为国施政，帮助齐国迅速实现经济的腾飞，帮助自己达成称霸诸侯的人生理想。

任命管仲主政齐国，又对齐国的官员进行一番调整之后，齐桓公感觉自己肩上担子轻了许多，不需事事过问，他可以拿出一些时间处理个人的事情。

有一次，西方大国晋国的使者来齐国访问。主管接待的官员一时拿不准用什么规格来招待晋国使者，于是向齐桓公请示，齐桓公当时正在宫内看文艺表演，对他说：“你去问仲父吧!”官员去找管仲，结果没有找到，于是又回来向齐桓公请示，齐桓公又让他继续去找管仲请示，如此三次，在齐桓公面前演出的一个优人见国君什么事都不操心，于是就阴阳怪气地讽刺齐桓公说：“当国君也太容易了吧，一次是仲父，两次三次还是仲父。”齐桓公听了他的话，却并不生气，而是得意地对他说：“我听说过，君主在求索人才方面是需要花很大的精力，在得到人才之后却可以很安逸的，我得到仲父这样的人才已经很困难了，现在我得到了他，自然就要充分地使用他，让自己很舒服了。”

由此，我们也可以看出齐桓公的用人观，他不像中国古代那些把大大小小的权力全都抓在自己手里的君主。齐桓公充分放权，让自己信任的大臣去为自己分忧。当然，从这个小的细节里面，我们还可以看出一个情况，那就是齐桓公是一个平易近人、心态积极的国君，他渴望获得天下的尊重却没有盛气凌人的样子，一个负责为他表演节目的下人可以用带有嘲讽的语态对他说话，他却没有半点恼怒。

当然了，齐桓公也并不是一个盲目信任属下的人，其实他重用管仲也是经过一番深思熟虑的，即便在任用管仲主政齐国之后，他仍然在考虑一个方法，如何既可以充分发挥管仲的才智又可以对他有所制约，而不至于因管仲权力过大而损害国家利益，关于这种忧虑在《韩非子·外储说左下》记载的一个典故中有所体现。

据记载，齐桓公准备尊管仲为“仲父”的时候，他特意召集管仲之外的众高级官员开会，想要了解其他大臣们对于管仲的看法，他对大臣们说：“寡人打算拜夷吾为仲父，同意的站在门的左面，不同意地站在门的右面。”结果，除了东郭牙之外的大臣都站在门的左面，而东郭牙则站在了门的中间。齐桓公十分惊讶，于是问东郭牙：“你为什么站在中间，这是什么意思呢？”

东郭牙没有直接回答他的问题，而是反问他：“主公您看以夷吾

的才智能不能谋取天下？”

齐桓回答说：“能!”

东郭牙又问：“那么以夷吾的魄力，他是不是一个敢于做大事的人？”

齐桓回答说：“是!”

东郭接下来说：“那么，主公您知道他是一个才智能谋取天下、魄力敢于做事的人，却把国家的权力完全交给他，以夷吾的智谋，借助主公您的权势来治理齐国，难道不危险吗？”

东郭牙的说法其实也正是齐桓公所担心的，所以，他对于官员的调整也有另外一层意思，一方面通过调整，可以施展这些官员的才能为国谋力，另一方面，进行大规模的高级人才调整与任命，其实也对管仲进行了分权，大行、大田、大司马、大理、大谏五个高级官员的权力受到了管仲的制约，同样他们也制约了管仲的权力无限集中。为了避免国内的大臣们结党营私，齐桓公也并非将所有的权力都下放，例如对于官员的考核与任免权，他一直是掌握在自己的手里，由他对全国各地的主要官员进行考核任免。这些中高级官员受管仲管理，但是要对国君负责，这样就确保了齐桓公作为一国之君的有效统治。在这样的一种体制中，国君居于绝对权威的地位，而主政全国的管仲既可以充分发挥自己的才能，又不能全面控制齐国的权力，然后再加上高傒与国懿仲两位上卿压阵，基本就为齐国建立起一个稳定、有效的行政管理体系。

为了方便大家对于齐国当时的高层管理体系有所了解，我们用今天的眼光来分析一下这套体系。如果将当时的齐国与今天的美国作一个纵向类比，齐桓公相当于总统，管仲相当于国务卿（兼任部分内政部长的工作职责)，高傒与国懿仲相当于参众两院的议长，隰朋等人则相当于各部部长。如果把齐国比作一个现代股份公司，齐桓公相当于董事长，管仲相当于总经理，高傒与国懿仲相当于监事会主席，而隰朋等人则相当于公司的各个部门经理。由此可见，齐桓公为齐国设计的这个体系是相当有效的，这个体系在整个齐桓公的统治时代都能有效运转，为齐国的强大与稳定作出了极大的贡献。这个体系在早期富有效力与朝气，为齐国的强盛奠定了坚实的基础，当然因为这个体系没有及时补充进新鲜血液，当几十年之后几位主要骨干先后去世，就直接导致了齐国的强盛如昙花一现没有持续下去，则是后话了。

齐桓公生活二三事

有了管仲这样聪明能干的人，齐桓公便悠闲得享受生活，驰骋田猎、欣赏乐舞、通宵达旦地饮酒、品尝美味、微服出行等。

当时的齐国，国库充实，百姓富裕，贵族子弟追求时尚，普通民众也乐于效仿齐桓公。既然消费旺盛，生产自然也跟着旺盛起来。整个国家显得生气勃勃。

《韩非子·难二》记载了一个是关于齐桓公因为丢了冠而不上朝的事情。

春秋时代还没有帽子的称呼，帽子在当时是叫作首服或元服，包

括许多种类，如冠、冕、弁、冑、巾、帻、笠等。冠与我们理解中的帽子是不一样的，冠有一个冠圈，中间有一个二寸长的冠梁，其作用主要是将头发束住，而不是把头发全部罩起来。齐桓公这个人很爱美也喜欢时尚，因为他的身材很高，大约在 180 厘米以上，为了配合自己的身高，特意让工匠们给他造了一个高冠，他一副“高冠博带、金剑木盾”的造型让国人纷纷为之倾倒，但是偏偏有一次他与人喝酒喝醉了，不小心弄丢了冠。

酒醒后，齐桓公伤心不已，当年他的哥哥姜诸儿因为丢了鞋子而痛打专管鞋子的侍从，齐桓公并没有因此而怪罪自己的侍从，但是他的做法却让人不解，他感觉不戴高冠上朝有损自己的英俊形象，就三天没有上朝。国君三天不上朝自然引起大臣们的注意，于是有大臣去齐桓公的后宫探查原因，看见齐桓公正在后宫中闷闷不乐，问他原因，不禁让人捧腹，直到他的工匠们加班帮他重新打造了一个高冠，他这才恢复了精气神。

对于这个典故的另一种解读，就是说齐桓公认为自己的帽子是被小偷给偷去了，作为一国的国君都要被偷，这说明齐国的治安情况不好，他作为齐国的国君感觉颜面无光，所以不愿意上朝。到最后还是管仲出面劝说了一番，所谓“仓廪实而知礼节，衣食足而知荣辱”，治安不好说明老百姓生活水平还不够高，因为贫富不均，才会导致贫者不安现状采取犯罪手段，只要国君努力提高百姓的生活水平，人们都安居乐业了，就不会有小偷小摸的现象了。齐桓公听了管仲的话，深以为然，于是愉快地上朝去了。这对我们今天有着多么现实的指导意义啊！对于犯罪要一次次搞严打，同时想办法提高人民生活水平，缩小贫富差距，这才是搞好社会治安的根本。

《韩非子·外储说左上》则记载了关于齐桓公喜欢紫色衣服的事情。

在当时的齐国，衣服的颜色分为两种，一种是素色，一种则是紫色，素色是原色，而紫色则需要经过染色工艺，因此价格比较高，五件素色的衣服的价格才可以抵上一件紫色的衣服。齐桓公喜欢时尚，因此特别喜欢穿紫色衣服。中国古代以五行的五种颜色为贵，即黑、白、赤、青、黄。这五种颜色是“正色”，按照礼制，诸侯应当穿着这五色的衣服，这也是我们今天看到从先秦到两汉，皇家的宫殿、器物、服饰都是以这五色为主。而居于其间的颜色，比如紫色，就不属于“正色”，称为“间色”，按礼制诸侯穿这种颜色是有失身份的，不过显然齐桓公不管这些，一方面说明了齐桓公对于时尚的追求，同时这也从侧面印证了当时礼乐崩坏的程度。

有一天，齐桓公在管仲的陪同下去基层视察，让他很吃惊的是齐国的大街上居然有许多人穿着紫色的衣服。齐桓公当然明白紫色衣服是比较昂贵的，这时的齐国从动乱中恢复没有多久，百姓的收入尚不高，人民为什么竟会如此奢华呢？

齐桓公十分不解，于是问管仲原因，要求管仲想办法制止这种浪费的情形。管仲对他笑着说：“国君是一国百姓之风范，因为主公喜欢紫色衣服，所以无论多贵百姓都要买紫色衣服穿，主公要想制止百姓浪费，只需要日后不穿紫色改穿素色就可以。”

齐桓公这个人虽然喜欢时尚，但是却不愿意百姓在尚不富裕的情况如此浪费，于是第二天起就开始改穿素色衣服，结果当天，侍卫近臣都不穿紫衣了，接下来，国都里的人不穿紫衣了，很快，全国百姓都不穿紫衣了。

由此可见，齐桓公在历史上是个相当有趣的国君，他既可以九合

诸侯、一匡天下，同时又极富生活情趣，历史上很难再找出第二个这样的国君。

曹刿自荐

齐桓公自从任命管仲主政齐国，又对齐国大小官员进行一番调整之后，君臣共同努力，很快呈现出一派欣欣向荣的景象，有一个人却对此十分不满，这个人是鲁庄公。

本来齐国写给鲁庄公的信中提到要将管仲押回国内处死，但是管仲不仅没有被处死，还得到了重用，鲁庄公感觉自己被愚弄了，又想到乾时之败的耻辱，这位年轻的鲁国国君就萌发了重新讨伐齐国的想法。鲁庄公将这个想法跟亲近的大臣们说了，结果被大臣施伯给劝止了。施伯说："乾时之战，虽然齐军是以计取胜，胜之不武，但是毕竟取得了胜利，齐军的士气极高，那个时候，齐侯还只是刚即位，就可以有如此的战斗力，到今天齐军经过了更多的休整，对他们发动军事行动，恐怕对我国不利，还请主公三思。"

鲁庄公当然明白这一点，齐国自建立之后国力一直就是强于鲁国的，虽然两国之间的战争互有胜负，但是鲁国如果真的主动去讨伐齐国，肯定得不到什么便宜，于是不得不将这个念头给压了下去。

鲁庄公这边将不满压了下去，但是这件事却并没有到此结束。鲁国是齐国周边邻国中的大国，齐国难免不会在鲁国安排一些情报人员，鲁庄公想要讨伐齐国的消息很快就传了齐桓公的耳朵里。齐桓公非常生气，一方面当初鲁国发兵攻打齐国帮二哥姜纠夺位让他很不开心，另一方面，鲁国已经被齐国教训过一次，现在居然想挑战自己的权威，齐桓公不愿意善罢甘休，他决定惩罚鲁国，想要出兵攻鲁，教训一下鲁国，于是他将这种想法告诉了管仲。

没有想到，管仲并不支持齐桓公的想法，他劝说道："虽然目前我国强于鲁国，但是国内经济还需要进一步发展，现在并不是最佳时机，主公应当在我国实力更加强大之后才考虑对外用兵之事。"

齐桓公毕竟比管仲年轻许多，齐国目前的政局也已经稳定下来，虽然时间还并不长，但是他的称霸决心却慢慢膨胀了起来，于是不听管仲的劝说，下令全国进行动员，筹措作战经费，补充军队后源，准备伐鲁的事情。

公元前 684 年正月，也是就在齐、鲁乾时之战后半年，齐桓公在经过一番准备之后，向鲁庄公下了战书，他亲自率齐国大军进入鲁国境内，准备讨伐鲁庄公对齐国的不敬行为。齐桓公的外甥鲁庄公姬同这时已经即位十年，他本是个性情比较刚烈又崇尚武功的人，听到属下汇报齐军来犯，立即下令征调全国军队，准备奔赴前线与齐军决一死战。

尽管对于齐军的进犯鲁庄公并没有表现出半点的惧意，但是这个年轻国君心里明白鲁国现在已经处于一种危险的处境了。他在上次乾时之战时就已经领教过齐军的厉害，现在齐军大兵压境，鲁国又缺乏将才，在这样的情况下，鲁国的军队能否抵挡住齐国的攻击是一个大的问题，所以鲁庄公一边强作镇静调兵遣将准备亲征，一边又担心此

去前景凶险。

就在这个时候，侍卫禀报，一个叫曹刿的普通民众求见鲁庄公。

需要说明一点的是，在鲁庄公时代鲁国有两个曹姓之人，一个是曹沫，另一个则是曹刿，而历史上的这两个人名究竟是指的一个人，还是两个人，至今都有着极大的争议，持不同看法的人都有着自己的支持论据，但是又没有完全驳倒对方的论据资料。我们对此是倾向于这是两个不同的人，因为从史料出现的记载来分析，前者为好勇尚力、大胆莽撞，刺客出身，为鲁庄公所用，在乾时之战之前就已经成为鲁国大将，在乾时之战中曾经战败，后者则是足智多谋、沉稳持重、重礼知义的政治家、军事家，在长勺之战前夕通过自荐进入鲁国政坛。曹刿这个人在史书并没有太多的详细记载，只有《左传·庄公十年》中有一段关于他的记载，可能正是因为这个原因，许多人认为这里的曹刿是曹沫之误，在这段记载中，刿曰："肉食者鄙，未能远谋。"按照曹刿在与同学聊天时称别人为肉食者来看，他应该是鲁国民间的一个普通民众。春秋时期的社会分为：天子、诸侯、卿大夫、士、庶人、奴隶等社会阶层，卿大夫以上为贵族，那时候，只有贵族方可以每餐食肉，因此而称肉食者，所以曹刿当时的身份至高也就是"士"阶层，也可能是庶民。

曹刿的身份低下，却胸怀大志，一直专心读书，研究天下大事，想要为国出力。在得知齐国大军进攻鲁国的消息之后，他认为报效国家的时机到了，于是出发准备面见国君推荐自己，在他出发之前，一起读书的几个同窗劝他道："那些事情都是得高官厚禄的人的事，你为什么要参与进去呢？"曹刿回答说："那些肉食者往往目光短浅，缺少见识，不能深谋远虑，我不愿意让我们的国家遭受齐国军队的欺负。”说完之后，曹刿就坚定地前往请求面见鲁庄公。

鲁庄公正处于忐忑之中，听说有人请求一起出战，于是接见了曹刿，当然，他不可能凭空相信一个普通的鲁国民众，于是决定好好考考他。可是，没有等他先问曹刿问题，曹刿反而先入为主，先问起了他，曹刿问他：“主公认为我们鲁国可以靠什么同齐国作战呢？”

鲁庄公说：“对于衣物食品之类的东西，寡人总是要分赐给臣下，不敢独自享用。”

曹刿指出：“这样做不过是小恩小惠，不能施及全国，民众是不会出力作战的。”

鲁庄公又说：“寡人对神明是很虔敬的，祭祀天地神明的祭品从不敢虚报，很守信用。”

但曹刿说：“对神守点小信，未必能感动神明，神也是不会降福的。”

鲁庄公想了一下又补充道：“寡人对待民间的大小狱讼，虽然不能做到明察秋毫，但是必定依情度理地予以处理。”

曹刿这时才说：“这倒是尽到了君主的责任，为老百姓办了好事，具备了同齐国决一胜负的基本条件了，有此条件，我国军队必定士气高涨，愿意为国家拼死效力。”

鲁庄公反过来问曹刿：“那么，我们如何与齐军交战呢？”

曹刿回答说：“要取得战事的胜利，就要在现场把握制胜的时机，因此没有办法事先预言，请主公带上我去前线，我将为主公提出建议。”

通过他们谈话的这几个问题，鲁庄公也对曹刿的个人才能有了了解，于是允诺了他的请求，让他和自己同乘一车前往战场。

这场对话，我们不妨看作是齐桓公与管仲庙堂陈谋之后又一次国君与人才之间的面试，都属于国君与人才之间的交流，国君们都试图从对话中判断出人才能力的高下，而人才们则都是在对话中试图证明自己的能力，最终的结果都是对双方国家的后世发展产生了重要的影响。唯一不同的是这两次面试的双方角色有些不同，齐桓公对管仲的面试是齐桓公问、管仲回答，而到了鲁庄公与曹刿时，则是曹刿问、鲁庄公回答，倒也相映成趣。

尽管鲁庄公为鲁国的发展尽心尽力，但是他还是丧失了太多的机会：

一是没有抓住机会及时送公子姜纠回国即位从而与齐国建立起良好的关系，反而与齐国在很长的一段时间里交恶，导致鲁国不得不将大量的国家资源消耗在与齐国的军事争斗方面。

二是他错过了重量级人才管仲，而管仲为齐桓公所起用，两国的实力对比经此一升一降，对于鲁国又是一个大的打击。

三是鲁庄公虽然重视人才，却没有找到可以真正堪比管仲才能的人才，而且即便是找到了类似管仲这样的治国之才，鲁国尚礼的传统决定了这个诸侯国不可能有颠覆传统的创造性改革，因此一直为齐国所压制就不足为怪了。

不过，我们不能因此就抹杀鲁庄公对鲁国的贡献，虽然他不幸地与齐桓公同处一个时代，但是在他的努力下还是最大程度地维护了鲁国的利益。

长勺决战

齐国大军入境，鲁军也毫不示弱，全面迎击，鲁、齐两军在鲁国的长勺（今山东曲阜市北，一说莱芜东北）这个地方相遇了，两国都举倾国之兵，因此双方对峙的场面十分壮观，齐鲁各自几百辆战车排成几行，然后一字列开，只等一声令下，双方就将展开一场大规模的厮杀。

鲁庄公准备传令擂鼓出击齐军，希望能够先发制人。曹刿见状赶忙加以劝阻，建议庄公坚守阵地，以逸待劳，伺机破敌，鲁庄公接受了曹刿的这一建议，暂时按兵不动。齐军方面求胜心切，凭借强大的兵力优势，主动向鲁军发起猛烈的进攻。但齐军接连三次的出击都在鲁军的严密防御之下遭到了挫败，未能达到先发制人的作战目的，反而造成自己战斗力衰落，斗志沮丧。曹刿见时机已到，建议庄公果断进行反击。庄公听了他的意见，传令鲁军全线出击。鲁军凭借高昂的士气，一鼓作气，迅猛英勇地冲向敌人，齐军经过刚才的三次冲锋已呈疲惫之态，无法抵挡鲁军的强力冲锋，车阵很快就被冲垮了，齐军只好匆忙败退，撤回本国。

齐鲁两军虽然是齐强鲁弱，但是差距并不大，所采取的战术却截然不同。如果将两国比作是两支足球队，齐军是进攻型打法，而鲁军

则是防守型打法，齐军上来就一通猛攻，期待鲁军也可以攻出来与他们打对攻，但是鲁军却偏偏选择了防守，等到齐军三番急攻下来体力消耗大半之后，鲁军突然发起进攻，齐军营前自然就是风声鹤唳了。

鲁庄公看到齐军败退，急欲下令发起追击，又被曹刿所劝阻。曹刿下车仔细察看，发现齐军的车辙痕迹紊乱；又登车远望，望到齐军的旗帜东倒西歪，判明了齐军确是真正的败溃，这才建议鲁庄公实施追击，鲁庄公于是下令追击，进一步重创，将齐军赶出了鲁国国境，鲁军至此取得了长勺之战的最终胜利。

战争结束后，开心不已的鲁庄公向曹刿询问这次战役取胜的原委。曹刿回答说："用兵打仗所凭借的是勇气。第一次击鼓冲锋时，士气最为旺盛；第二次击鼓冲锋，士气就衰退了；等到第三次击鼓冲锋，士气便完全消失了。齐军三通鼓罢，士气已完全丧尽，而相反我军士气却正十分旺盛，这时实施反击，自然就能够一举打败齐军。"

接着曹刿又说明齐军败退时未立即发起追击的原因："齐国毕竟是实力强大的国家，我国不可等闲视之，乾时之战我国之所以战败，就是因为齐军佯败诱我进入包围圈，因而要谨防其佯败设计，以避免我方不应有的失利。后来看到他们的车辙紊乱，望见他们的旌旗歪斜，我这才大胆地建议实施战场追击。".

曹刿一番话说得鲁庄公心悦诚服，点头称是，越发感觉曹刿是个不可多得的人才，于是想任命曹刿为大夫，但是曹刿这个人对大夫这个官衔并不感兴趣，鲁庄公虽感惋惜，也不强迫他为官，赐予了大片土地给曹刿作为食邑。

鲁军为何能以弱胜强

长勺之战，鲁军战胜齐军，并不是偶然的，在政治、军事上都有它成功的条件。

从政治上看，鲁国自乾时战败后，鲁庄公为了维护其统治地位，进行了一些“取信于民”的工作。所以，曹刿从利民是政治准备的根本这一观点判断，认为可以同齐一战。他说：“知夫苟中心图民，智虽弗及，必将至焉。”他认为如果进行战争，能够取得百姓的同情与支持，即使才智有不足之处，也具备了制胜的基本条件。

从军事上看，鲁庄公能够采纳曹刿对当时战争情势的作战指导意见，是鲁军取胜的一个重要原因。鲁军在后发制人、敌疲我打这一方针的指导下，军事上突出地表现了以下三点：

一是正确地选择了战场。处于防御地位的鲁军，在敌人进攻面前，为了在有利条件下击败敌人，必须考虑战场的条件。选择长勺为战场，不仅地形有利于鲁军，而且在取得本国人民支援方面，也有利于鲁军。

二是正确地选择了开始反攻的时机。鲁军是防御齐军的进攻。防者要彻底击破攻者，必须举行反攻，但若反攻时机选择不当，就不能保证获胜。鲁庄公在双方开始交战而力量对比还没有发生有利于己的变化时就要反攻，是轻率的。曹刿则懂得待敌气衰力竭时发起反攻，

才易取胜。所幸鲁庄公采纳了曹刿的建议，等待齐军士气衰竭才开始反攻，因而一举击溃了齐军。

三是正确地选择了开始追击的时机。齐军被击败后，曹刿在“视其辙乱，望其旗靡”之后，才建议发起追击，把胜利建筑在可靠的基础上，因而有把握地打败了齐军，获得了胜利。

齐桓公在争夺君位的乾时之战中，打败了鲁国，便骄傲轻敌，没有采纳管仲内修政治、外联与国、待机而动的方针，急于兴师动众，大举向鲁国进攻，无论在政治上还是军事上都是失策的。兼之齐军进入鲁境，情况不明，地形不熟，劳师远征，在未得到适当休整时，一而再、再而三地向鲁军冲击，过早地疲惫削弱了自己；在撤退过程中，又仓皇混乱，予鲁军以可乘之机，最终导致了失败。

齐宋联盟

齐桓公初试锋芒就遭遇惨败，难免恼羞成怒，将所有罪过都推到管仲头上。管仲心里明白，此时的齐桓公急于有所作为，听不进不同意见，不撞几个钉子，不碰得鼻青脸肿，他是绝不会服输的。

鲍叔牙对齐桓公说：“长勺之战不比乾时之战，这次是在鲁国境内作战，人家是主人，因此打败了我们。胜败乃兵家常事，并不能说明我们不及鲁军。君主如果想洗雪长勺之耻，我们可以和宋国联合，齐、宋联合起来必然会战胜鲁军。”

齐桓公同意鲍叔牙的建议，便准备联宋再战。

宋国国君宋闵公一直不忘父亲宋庄公临终的话，总想找个机会讨伐郑国和鲁国。但是宋国国力不足，而同盟齐国内乱不休。而现在齐桓公攻打鲁国又吃了败仗。

宋闵公一直密切注意局势，现在齐国突然派人请兵，宋闵公咬咬牙，对手下一个战将说：“南宫长万，我派你去讨伐鲁国！”

南宫长万长得高大威猛，是宋国有名的大力士，却极端自傲，且缺乏头脑。南宫长万奉命带兵，与齐桓公会师。刚驻扎在郎这个地方，就吩咐士兵休息，也不需要什么警戒，好像出来游玩似的，累了就准备睡觉。

南宫长万刚要睡着，就听见寂静的夜里，好像地震一般，剧烈地响动，接着，军营里就大乱了，到处是恐慌的尖叫声，连忙起来穿上战甲，出去一看却发现很多老虎。尽管他不怕老虎的，但手下士兵们惊慌失措，斗志全无。战马见了老虎，更是惊得长嘶不止。

这时候，后面杀来了敌军。再仔细一看，哪有什么老虎，只是披着老虎皮的马而已。

南宫长万直接就杀入敌军中间，他想谁也打不过他，那就来吧。这时，嗖地一箭射在了他肩膀上，不留神，又挨了一刀，摔下马去，被一百来个兵士冲上来按住，结结实实地捆上了。

宋军被击败，齐军只能退兵，这次郎城战役又失败了。长勺和朗城的失利，给齐桓公以深刻的教训。

第二年（前683年），南宫长万被鲁国人放了回去。有一次宋闵公和南宫长万下棋，宋闵公的他开玩笑，说他是个俘虏，这可戳到了他

的痛处。他一怒之下，抄起棋盘把宋闵公打死了。

大夫仇牧听说这件事，带着武器来到公门。南宫长万迎击仇牧，仇牧脑袋磕到门上死了。南宫长万又杀死太宰华督，改立公子游作国君。其他的公子吓得四散而逃，有的逃到萧邑，有的逃到亳地。南宫长万的弟弟南宫牛带领军队包围了亳。冬天，萧邑大夫和宋都逃来的公子们联合击杀了南宫牛，并杀死新立的国君公子游，而立闵公弟弟御说，这就是宋桓公。

南宫长万见大势已去，便带着老母亲逃奔到陈国。宋国派人贿赂陈国，让他们交出叛将。陈国人使出美人计，用美酒把南宫长万灌得烂醉，用犀牛皮把他裹上，送回宋国。据说到了宋国时，人们发现犀牛皮都被南宫长万的手脚捅破了，可见他气力之大！

后来宋国人对南宫长万施以醢刑，也就是剁成肉酱。

齐师灭谭

战败回国的齐桓公垂头丧气，坐在朝堂之上，愁眉苦脸地望着自己的群臣，不知道说什么，颜面扫尽。再战？齐桓公心说：再战，我的位子就不用坐了。

于是，不好去提军事上面的事情，底下的群臣也没人敢多言，他就问问国内的一些杂七杂八的事情，有没有人犯罪？今年农民收成怎样？国库收上来多少钱？

大司田宁戚把今年粮食收成和国民收入汇报给齐桓公看。齐桓公一看，今年的粮食居然是往年的一倍多，国库收入也一下子增加了许多。尽管国家连着打了两场仗，可国力没有下降，反倒上升了，这都是管仲的功劳啊。

想想自己的急躁莽撞，连遭败绩，他感到有些羞愧，但心里热乎乎的。

管仲不弃不馁地替齐桓公管理这个国家，没有一丝怨言。齐桓公平静了一下心情，凝视着管仲，觉得自己有愧于这个人才，心想若是他怨恨寡人，负气而走，寡人再上哪去找这样的人才，他不负寡人，寡人却负他。他开始意识到没有管仲，他的这番事业将渺茫无期。这个时候的齐桓公如果没有受到严峻的打击，如果没有看到管仲预备好的那桶金子——国内经济改革的初步成效，是不会静下心来思考这些事情，也不会体会到管仲默默无声的辛勤耕耘，金子不是点着石头就能出来的，而是要一天天的努力耕耘才能收获到。

齐桓公面对群臣简单地检讨了几句，之后他就发布了一条命令："从即日起，大小事物皆裁于仲父，然后寡人。"这其实是重申拜相时的条令，那时候是脑子发热颁布的，而现在是脑子清醒冷静的情况下，他不能再轻视管仲，他需要他。

秋去冬来，有一天，齐桓公把自己憋着的一些话跟管仲说："连续两场对鲁国的战役都打输了，齐国在众诸侯国间面子全无，这样对国家的地位有很大的影响，老百姓也会以为我们政府软弱无能，诸侯们会以为我们不堪一击。"

齐桓公有些心动。

管仲点点头，明白他的意思，说："那我们就再打一场，灭谭国吧！"

这里有两个问题：为什么要打谭国？为什么要选择谭国？

谭国是小国，与齐国实力悬殊，很容易取胜，此时的齐国政府需要这种小的胜利。而且，齐国百姓因为齐桓公的两次战败，开始对政府失去了信任感，感到不安和不满，议论纷纷，有些异己分子还从中制造骚动。

管仲借鉴了上任国君齐襄公的经验，当时这个因乱伦而被天下唾弃的国君，用小小的胜利挽救了百姓对政府已经绝望的心，他现在也需要这样的胜利唤起国民对政府的信心，国民的信任也是霸业征程的基础，就像有一个安稳的家才可以去外面拼搏。所以，找一个小国打一场胜仗。

那么，为什么要选择谭国？

因为管仲听说齐桓公逃亡到莒国的时候，路过谭国，这个国家的国君没有接待他，而且很瞧不起地说："轮也轮不到你当国君！"这种侮辱对于一位大国尊贵的国君来说，是一个污点，也影响国家的形象，所以，管仲需要把它清理干净。

其次，他也是在"献媚"齐桓公，齐桓公一直处在两次战败的影子下，很消沉，管仲希望这个国君振作起来，才有精神去做事。

他对齐桓公说："谭国有辱于君，当灭之，以张国威。"齐桓公同意了这场战争。

《左传·庄公十年》记载："齐侯之出也，过谭，谭不礼焉。及其入也，诸侯皆贺，谭又不至。冬，齐师灭谭，谭无礼也。"

这是管仲为战争找到的一个合理的借口，任何战争都要打得名正言顺，才能够让天下的百姓不反感，不愤慨，顺天意就是顺民心。

谭，在齐国与莒国之间，小国，面积相当于一个县，齐国没有用多少时间就攻下来了，而这个胜利也为齐国称霸天下的大门开了一个小小的缝，齐国的百姓也因此感觉到一股勃勃的生机。

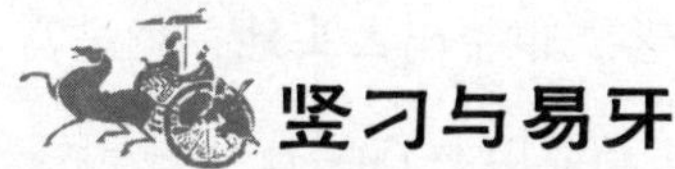

竖刁与易牙

公元前 683 年秋，宋国发了大水，管仲去跟齐桓公商议要不要去救助一下，宋国和齐国毕竟是几十年的同盟兄弟，而且，鲁国为了交好宋国已经去救助过了，齐国当然不能坐视不管。

齐桓公直接把他叫到房间里，对这些问题基本上是一句话："仲父决定。"

管仲得到指示，走出齐桓公的房间。在走廊，他看到两个人在窃窃私语，管仲打量了一下，感觉这两个人形容猥琐，目光阴冷，没有正大光明的气质。

管仲心想，这两个人是什么角色？居然能在齐桓公的房间里自由出入。后来，管仲打听到了。一个是齐桓公身边的侍者，叫竖刁；另一个是宫里掌勺的大厨，叫易牙。这两个人都不可小看，是宫里的权贵，混到这个地位也是使尽心计和权术。

竖刁小的时候不甘心平庸地过苦日子，看到宫里的人很有权力，

就想混到里面去发展。先是做了一个倒水站班的童子，见不到齐桓公几次，没有机会升官，就等于没有门路发财。怎么办才能接近齐桓公呢？

他发现宫里急招太监，很少有人自愿去干这种职业，于是，他狠下心把自己阉割了。齐桓公听说有这么一个人自愿牺牲自己来侍奉他，很高兴，就把他带在身边，这个竖刁又能拍马屁，立刻就成了国君身边的红人。

另一个易牙更狠，他原本学了一些手艺，也想出人头地，就进宫做厨子，但是这样升官很难，他熬不住，于是就用上了心计。

一次，齐桓公的妃子卫姬不舒服，他看准了机会，做了一些能治病的食物给卫姬，卫姬吃了之后，病就好了。于是，就经常吃他做的食物，而且经常在齐桓公面前夸奖他。可是，易牙觉得这还不够，他想得到齐桓公本人的欢心。

机会又来了，一次，吃饭的时候，齐桓公无聊地问他："你做那么久的厨子，知不知道人肉是什么味道？"

他就把这句话记在心里，回去做了一盘很鲜嫩的肉，拿过来给齐桓公吃。

"好吃！什么肉啊？"

易牙谢罪地跪拜说："人肉！"

齐桓公一惊，马上问他："人肉？真的假的？哪里来的人肉？"

易牙就哭泣地说："是臣三岁的儿子，臣知道主公想吃人肉，就把他宰了！"

齐桓公重用贤人，却也宠信佞人，他可真是细大不捐，来者不拒啊。管仲隐隐感到一丝不祥的气息。

不过，庆幸的是齐桓公并不是商朝的纣王，这个国君虽然有妲己这样的美女，也有一群内宫的奸佞小人，但孰轻孰重他还是分得清的。

从公元前 685 年到公元前 656 年，管仲开始长达三十年的苦心经营，使齐国称霸天下，亲手将齐桓公扶上春秋首霸的位子，这是他人生的最辉煌的第三个阶段。

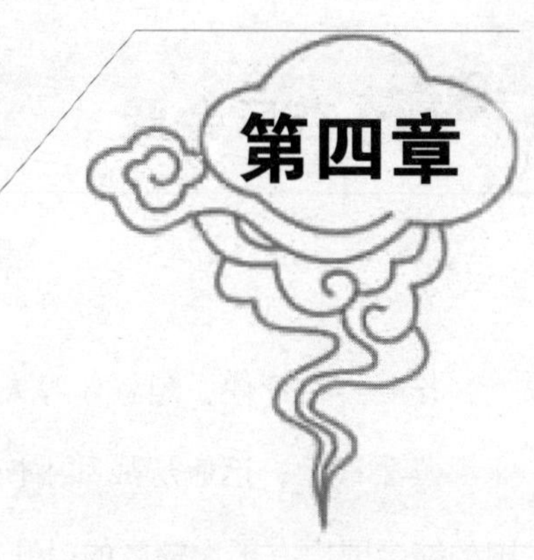

第四章

统一战线，峥嵘初显

齐桓公打着“尊王”的旗号，足足折腾了十几年，“盟主”称号也叫得滥了，这却是首次获得周王室的正式承认。到今日方称得上是上应天时，下顺民心，四野归服，整个黄河下游地区的大小诸侯国，在齐国“尊王”旗帜下，结成了一个庞大的集团。齐桓公也才真正成为名副其实的中原霸主。

杏坛会盟

齐桓公在管仲、鲍叔牙等人的辅佐下，励精图治，齐国的各项事业都蒸蒸日上，迅速从战乱中恢复了过来。经过五年的悉心治理，齐国的综合国力有了大幅度的提升。东方大国再展雄姿！

这个时候周王室衰微，天下混战不休，整个中华大地成了一个大战场，在这场抢夺土地和人口的混战中，齐桓公扮演了裁判的角色。

西周刚开始分封时，周天子是天下纷争的裁判，诸侯国之间如果有什么争执，发生什么纠纷都由周天子终审裁决。现在周王室衰落有名无实，大家有什么问题也不到他那里理论了，周天子的终审裁判权受到了挑战。针对这种情况管仲给齐桓公出了个主意："要想称霸天下，就要充分利用周天子这一丰富资源。毕竟，周天子还是天下共主，你要帮他重新夺回终审裁判权。周天子行使不了这项权力，你可以代他行使嘛!"

管仲这一招被齐桓公高度浓缩后成为他拓展霸主业务的口号：尊王攘夷。可齐桓公并非要力挽狂澜，伸张正义。而是与别国争夺土地和人口，抢占政治制高点。

打仗要讲究师出有名，所谓名正则言顺是也。

齐桓公的理由就很高尚，也很动听，既能让齐国的百姓知道自己打仗是为了伸张正义，又能让周天子明白齐国征伐是为了维护正义，还能让不明真相的其他诸侯清楚齐国打仗为的是天下苍生，齐桓公和他祖上一样是大周王朝的擎天白玉柱，架海紫金梁！

齐桓公之所以提出这么一个口号，理论依据是周公姬旦起草、周成王姬诵签署的一份文件。这份文件规定：齐太公姜子牙忠心国事，劳苦功高。将来若有哪一个诸侯国敢闹事儿不履行分封合同规定的义务，姜子牙有权利发兵征讨，以保证分封合同能够依法履行。

齐桓公就拿着这么一份几百年前的“过期文件”，开始以大周朝裁判员的身份，凭借强大的经济、军事实力到处“伸张正义”，四处攻伐征讨！

按照管仲的部署，第一步算是小试牛刀。怎么个小试法？召开联合国大会，那时候叫盟会。

“周王室这个招牌，不用白不用。宋国的公子御说虽然登基，但那是暴力对抗的结果，在法理上不成立。如今，我们可以组织一次诸侯大会，请周王室出面，正式册封公子御说为宋国国君。这样，王室得到尊重，会感谢我们；宋国政府得到承认，也会感激我们，而齐国自然就成了天下诸侯的首领了，今后奉天子以令诸侯也就是水到渠成的事情了。”所有人都说好。

事情基本上在管仲的意料之中，周僖王很高兴还能有诸侯这样尊重中央政府，立即答应了妹夫的请求，派专员前往。宋桓公也很高兴，王痤得到周王室认可就能名正言顺了。

公元前681年，诸侯大会在齐国的北杏（今山东东阿）召开，管仲特地布置了会场，会场的主旋律是和平友好，整个会场没有军队，也不能携带武器，显示齐桓公对各路诸侯平等相待的态度。

宋桓公第一个到，他很高兴，当面向齐桓公致谢。之后，陈宣公、蔡哀侯和邾子克都陆陆续续到了会场。

然而，鲁国、郑国、卫国等实力较强地位较高的诸侯却都没有给齐桓公面子，竟然一家也没有来。

齐桓公有些恼火，说："仲父，您看，来的诸侯这么少，是不是改期算了？"

"主公，第一次盟会，能有这么多也算不错了，俗话说，'三人为众'，何况我们如今有五家诸侯呢？没问题，咱们这次先把架子搭起来就算是成功了。"管仲也觉得没面子，不过这也在他的意料之中。

第一次诸侯大会就这样召开了，周王的特使当场册封宋御说为宋国国君。随后，与会各国进行了诚挚而热烈的会谈，就当前的国际形势展开了全面的对话。

东道主齐桓公建议成立诸侯盟会，以便今后在盟主的领导下，一致对外，共同发展，为整个大周朝的繁荣做出自己的贡献。与会各国纷纷表示同意，并一致推举齐桓公为盟主。至此，第一届诸侯大会取得了空前的成功。

会后的大会宣言是这样的："某年月日，齐小白、宋御说、陈杵臼、蔡献舞、邾克，以天子命，会于北杏，共奖王室，济弱扶倾。有败约者，列国共征之。"

大家宣誓之后，盟主齐桓公提出："鲁国、郑国、卫国、曹国等国家，藐视王室，不敬兄弟国家，竟然无故不来赴会，不教训他们不足以平民愤。希望各位盟友一致讨伐他们。

与会各国纷纷表示愿意跟从齐国，讨伐无道国家。管仲很高兴，到目前为止，一切顺利。

但是，他没有想到，有人要临阵脱逃了。

宋桓公回到宾馆，他有些闷闷不乐。

“主公，王室的任命都有了，为何面带不郁？”随行的大夫戴叔皮问道。

“没面子啊。你看来的这些国家，都是些小国，跟我们能够平起平坐的鲁国、郑国这些国家都没来。我们的爵位本来比齐国还高一级，如今反而要依附他们，你说我心里能高兴吗？”宋桓公说。

“主公暂且忍耐两天。”

“两天？这就要起兵打鲁国、郑国了，你说，我们要不要出兵？”

“如果齐国真的把鲁国、郑国都给征服了，他们就真是霸主了，他们称霸，对我们没有好处啊。不如，我们撤回宋国。这样，盟会也就无法继续下去了。”戴叔皮出了个逃跑的主意，宋桓公立刻就同意了。

第二天天还没亮，宋桓公悄悄起床，带着随从跑了。

“跑了？这次盟会就是为了他，他居然赚了便宜就跑了！”齐桓公气得吐血。

管仲也很生气，眼看大会就要圆满成功了，谁知这最后一个晚上出了问题。

齐桓公一怒之下，把主管军队的王子成父叫来，让他去追宋桓公。

管仲摆摆手说：“算了，那样影响不好。要称霸，就要软硬皆施，胡萝卜加大棒。这次会盟，来的都是小国，鲁、郑、卫都没有来。所以宋国才心生轻视。这次宋国逃跑，多半也是看着鲁国没来，所以才有这个胆量。”

“你的意思是要讨伐鲁国?”

“对，不过还要等几个月，这一次，我亲自领军。”

曹刿劫持齐桓公

公元前681年，齐国再次伐鲁。

管仲亲率战车七百乘讨伐鲁国，齐桓公亲自坐镇，王子成父为先锋。齐军以摧枯拉朽之势，三战皆捷，一举掠下汶阳。

鲁国一看这个架势，也只好全国动员，六百乘战车伺候。鲁庄公亲自压阵，鲁军的将领，就是当初在长勺打败齐军的曹刿随行。

双方在鲁国的附庸遂（今山东宁阳、肥城一带）相遇，王子成父与曹刿大战三场，结果曹刿三战皆败，狼狈逃回。连遂地也丢了。然后，齐国大军长驱直入，开进鲁国腹地。

鲁庄公赶忙请来施伯和曹刿商量对策。

“主公，我认为管仲不是那种把人往死路上逼的人。想当初他们在鲁国避难的时候，主公对他也不错。而且，鲁国和齐国是亲戚，四年前您还给他们主婚呢。依我看，既然我们打不过，干脆跟他们和平谈判吧，谈判才是出路。”施伯的主意是谈判。曹刿也很支持。

齐桓公答应了鲁国谈判的请求，令齐国部队在柯地（今山东东阿）驻扎，同时派人去请鲁庄公赴盟。管仲指挥军士，连夜筑起土坛。坛基夯土三尺高，基座三十尺见方，正面立台阶三级；坛上设香案草席；选二十名精壮士卒，环立于台上。一切准备就绪，只待鲁庄公来临。

谈判怎么谈呢？鲁庄公心里一点儿底也没有。连吃败仗的将军曹刿进来，看见他愁眉苦脸的样子，就说："带我去会盟吧。"

鲁庄公心想，你一个败军之将，去又能怎么样呢？还不是割地求和，嘴上却说："好吧，你就跟着我吧。"

中午的阳光很强烈。齐桓公高坐在土坛之上，远远看见鲁国讲和的人来了，赶紧起身，下坛迎接。

按辈分，齐桓公是鲁庄公的舅舅。两国君主手挽着手走上土坛，分宾主坐定。管仲下手相陪，曹刿在庄公后面侍立。寒暄的话还没说，一件令所有人目瞪口呆的事情发生了。

齐桓公刚坐下，就见一团黑影倏然扑向齐君，待众人醒过神来，发现曹刿已经挟持了齐桓公，一把锋利的匕首，距齐桓公的脖子不到三寸，锃亮的刀身在阳光下发着耀眼的寒光。

齐桓公做梦也没有想到鲁国人会来这一手，慌得连话也说不出来了。

还是管仲反应快，他一边示意守卫不要轻举妄动，一边疾声问曹刿："曹将军，你这是何意？"

鲁庄公这时候也回过神来，早已吓得面如土色，连声呵斥曹刿。

曹刿将匕首略微晃了晃，引起全场一片惊呼，随即向管仲道："没别的意思，就是想要齐国归还以前夺去的土地。"

管仲看了看曹刿，那种不达目的同归于尽、宁为玉碎不为瓦全的眼神坚定无比。

于是管仲偷偷示意齐桓公答应曹刿，但转念一想，这不符合齐桓

公身份，便灵机一动，含糊地说了一句：“同意。”也不知道是他同意，还是齐桓公同意。

这时齐桓公也回过神来，跟着说：“同意。”

曹刿将匕首撤开一些，对齐桓公说：“那就请您和我国君主盟誓吧。”

于是，在匕首的威逼之下，齐桓公签订了第一个也是最后一个不平等的屈辱条约，将刚刚到手的鲁国土地，全数归还给了鲁国。

拿到按着齐桓公手印的合同，曹刿才扔掉匕首，将合同呈给鲁庄公，然后端然肃立，仿佛一切都没有发生过。

齐桓公太窝火了，他想发作，却发现管仲一个劲儿地向他示意。齐桓公只好压住怒火，让会盟按原程序进行。

回国的路上，管仲知道齐桓公对刚才的事有所不满，就对他讲了这样一番话：

“任何人在被挟持的情况下，都会不可避免地被迫接受，当初周文王被囚羑里的时候，也要您的祖先姜太公去拿礼物赎回，今天您这样做，天下诸侯不会笑您的；可是，如果回过头来背弃信义，将许诺归还的土地不给对方，而且还要杀掉他们的话，那可就大大不妥了。这样做，您得到的不过是一点儿报复的快感和几块微薄的土地而已，失掉的，可是万千百姓的信任和天下诸侯的援助啊！”

听了这话，齐桓公的眉头才算舒展开来。

回国不久，鲁庄公发来了热情洋溢的感谢信。信中对齐桓公的大度守信赞赏有加，说“要盟可犯，而桓公不欺；曹子可雠，而桓公不怨。桓公之信著乎天下，自柯之盟始焉”，鲁国已经把这一美好行为载入史册，并从此与齐国世代友好下去。

齐桓公的虚荣心得到极大满足。

消息传出去，天下诸侯反响强烈。上一次缺席第一届诸侯大会的卫国和曹国急忙派遣特使到齐国，就缺席一事进行了解释和道歉，同时表达了愿意加入会盟，在盟主齐桓公的领导下，随时为天下和平贡献力量的决心。

“仲父，现在怎么办?”齐桓公挺高兴，问管仲。

“趁热打铁，讨伐宋国。”

“什么名义?”

“破坏会盟章程，破坏安定团结。”

齐国要攻打宋国的消息传出去了，各国纷纷发表声明，支持齐国讨伐宋国，陈国和曹国还表示要派兵协同齐军行动。

敲打宋国

宋国是殷商后裔建立的国家，当初，周武王分封天下，把商朝旧部迁到这里。宋国地处中原，与郑国、卫国一样，只能算二流国家，国土面积并不大，缺乏战略纵深；宋的人口虽然密集，但是人口总量并不太多；国家地处平原，虽然沃野遍地，但是四处无险可守；周边又与齐、鲁、郑这些大国相邻；宋国本身的重礼传统又导致了其缺乏灵活性的军事思想。更不幸的是，宋国的几任国君虽然都胸有大志，

但又先后遇到了郑庄公、齐襄公、齐桓公这样的更强势的人物。

综观以上因素，决定了宋国很难成为一个真正的超级大国，所以现实中的宋国只能采取与大国结盟的战略。历史上，宋国一直采取的是“与齐国结盟、与鲁国交恶”的外交政策。但是，无论是北杏之会，还是柯地之盟，齐国的做法都让宋国非常有意见，特别是柯地之盟中，齐国居然将宋国的对手鲁国拉入到齐国的阵营当中，对此，宋桓公相当不满，他决定抛开与齐国结盟的政策，不再看齐国的脸色行事。

我们用今天的观点来看宋国，可以说宋国不打算遵从大国制定的规则，而是自行其是，这显然会激怒力图制定出一种国际新秩序的齐国。

就在齐国、鲁国结盟的这一年（前681年），宋桓公突然出兵攻打杞国。杞国虽然是一个小国，但却是周王分封夏禹的后代于雍丘时所建立的，有着当时诸国认定的尊贵血统。这个袖珍小国又凭借着政治中立的立场倒也安全无忧，但是没有想到宋国会打起杞国的主意。

在北杏之会时，宋桓公提前离开已经让齐桓公很生气，碍于宋国始终还是一个大国，他并没有采取什么武力措施来惩罚宋国。而现在，宋国居然违背“共奖王室、济弱扶倾”的盟约，去讨伐一个没有做错任何事情的小国，这下彻底惹恼了齐桓公，他决定兴兵讨伐宋国，但是却又有些顾虑，于是找来管仲商量。

齐桓公对管仲说：“宋国违背北杏之盟，侵略杞国，我想前去讨伐，但是又担心其他诸侯国会去援助，而杞国又是伟大君主的后代，我不能不救，所以我决定出兵，夷吾有什么看法呢？”

管仲虽然也期待在齐桓公给他的平台上做一番大事业，但是他却喜欢道德教化，不喜欢武力讨伐，只要有和平解决的可能，他就不会考虑采取武力，所以他对齐桓公说："我看不行，现在还不到采取军事行动的时候，我国目前尚没有达到让诸侯国都信服的程度，现在打着行义的旗号去讨伐宋国，恐怕还不能让其他国家信服。"

齐桓公是个性急之人，他说："可是，现在不救杞国就错过时机了啊，以后恐怕也很难找到讨伐宋国的理由了。"

管仲见齐桓公急于出兵，再次开始了他的长篇大论："一个诸侯的国君，是不应该贪于得到土地的，否则就会勤于动兵，勤于动兵必然导致人民困乏，人民困乏就不愿意替君主卖命，君主就只好对人民进行欺诈，如果这种欺诈隐瞒得好，还是可以打败对手的，但是对于人民失信迟早会为人民所了解，失去了人民信任就会发生内乱，君主的统治就会不稳定。所以古人都遵循先王的信条，国家之间不在军事上相互竞争。"

管仲的这一段话，恰好可以说明他本人的为政之道，他不主张齐国为了强大而进行军备竞赛、频繁发动军事行动，而是通过发展国内经济、壮大国家的实力，自然而然地实现齐国的称霸大业，这是一种"韬光养晦"式的策略，未尝不是一种正确的大国崛起的思路。但是对于急性子的齐桓公而言，显然不愿意等到诸侯各国自动承认齐国霸主地位的那一天，他也清楚齐国目前的状况还不足以支持齐国四处出击，所以经管仲这样一说，有些不知道如何是好了，他问管仲有没有好的建议。

没想到管仲说："不如主公派使臣带重礼前去宋国交涉，如果交涉不成，我国可以收留杞君，赐以土地进行安置。"

齐桓公不大认可这个办法，但是自己又想不出更好的办法，又征求鲍叔牙的意见，鲍叔牙也没有更好的办法，就建议齐桓公按照管仲

的建议去做，齐桓公于是派大夫曹孙宿前去宋国交涉。宋桓公根本不听劝解，坚持对杞国用兵。

柯地之盟后，鲁国已经加入了齐国的阵营，这让齐桓公采取对外行动的底气大增。宋桓公的拒绝让齐桓公很是恼火，于是在第二年(前680年）春天，联合曹、陈两国一道伐宋。

为了增强这次讨伐行动的正义性，齐桓公还向周王室请求派兵，周王是天下共主，如果周王都肯派兵参加，自然就会将齐国的讨伐行动变成一种更具合法性的行动，宋国就会在舆论上处于被动地位，而且如果有了周王室的参加，其他国家也就难以派兵支援宋国，否则会背上与周王室对抗的名声。

面对齐国的请求，周僖王考虑了好久，最终还是决定讨好齐国，于是派大臣单伯率领一支军队前往与齐、陈、曹三国联军会师伐宋。不过，等王师出征时，齐、陈、曹联军早已经进入宋国的郊区。其实对于齐国而言，周王室那点军队是可以忽略不计的，关键是周王室派了部队参加声讨宋国的行动，这表明了周王室的态度，对于齐国而言，哪怕周王室只派了一个人，齐国的目的也达到了。

宋桓公虽然之前态度强硬，但是当各国大军兵临城下时，他还是神志清醒的，知道以宋国一国之力对抗齐、陈、曹加上周王室的联军，显然必败无疑，于是服软表示愿意重新加入齐国联盟阵营。

齐桓公一见目的达到，也就收兵撤退了。

文姜夫人

长时间的征讨之后，齐桓公在管仲的建议下，休整军队，补充粮草，准备第二轮的征程。

齐桓公问管仲："此次休生养息至何时?"

管仲凝思了一下，没有直接回答他的话，而是说："清明时节，自然是祭奠祖先，思念亲人，主公还有一个姐姐文姜在鲁国，多年疏于联络了吧?"

齐桓公不知他葫芦里卖的什么药。

管仲说："不如让文姜夫人归宁，姐弟相见，互通齐鲁两国的感情，使天下人皆知齐国重情，一举两得。"

"好!"齐桓公心里暗暗佩服。

《左传·庄公十五年》载："夏，夫人姜氏如齐。"

文姜这次回娘家，再次踏进齐国国都的城门，已经时隔十五年。上次就是在这里，和她生活了十五年的丈夫被自己的情人哥哥杀死，此后就再也没有回来过。又是一个十五年，她已经老了，以往的恩恩怨怨都化作一声叹息。

她久久地站立在齐襄公墓前，流下了眼泪，转身看见齐桓公、管仲和齐襄公的女儿正站在她后面，等候了很长时间，她连忙把思绪收

了回来。

齐襄公的女儿哀姜是管仲特意安排和文姜见面的，当时哀姜还是个小女孩，尚未成年，传言文姜曾经和齐襄公约定把哀姜嫁给鲁庄公。管仲心里就有了一个长远的计策，几十年来齐鲁两国感情纠葛和家族联姻一直是焦点，主导着两国的政治方向，所以，最好的牵制拉拢或者说控制鲁国的方法还是家族婚姻和感情。文姜在前几次政治事件中的作用更加坚定了管仲这样的想法，如果亲上加亲，就更扯不断齐桓公作为长辈可以制约鲁庄公的这根麻绳，所以，他让齐桓公带上这个侄女哀姜。

文姜一见到齐襄公的女儿，马上又眼眶红红的。哀姜长得很漂亮，文姜不由想起当初和哀姜父亲齐襄公的种种爱意，就更加想把她娶过去，以延续心中对齐襄公的思念和感情。和齐桓公说当初和齐襄公有指腹为婚的约定，想把哀姜娶过门做儿媳妇，问齐桓公的意思。齐桓公很高兴，他本来还想找机会开口呢，没想到文姜自己提出来，立刻说："很好啊！那就把事情就定下来。"

文姜自己把事情给提了，管仲也很高兴，等齐桓公和文姜聊家常话，他也不便在那里，就转身回府了。

已近黄昏，街巷起了炊烟，一辆马车停在了相国府门口，下来一个婀娜多姿的妇人。文姜的突然来访让管仲有点惊讶，按理说，这个时候已经黄昏，多有不便，况且鲁夫人来访他是不合礼仪的。但是，即已到门口，不见不请进来也是失礼，管仲心里一掂量：文姜可能有要事相求，还是要见的。

管仲亲自去门口迎接，文姜赞叹了几句他的相国府："这么华丽的府宅也只有称霸中原的仲父才配，仲父之名早已威震诸侯。"

“徒有虚名而已，管仲皆为主公的霸业，人臣尽责。”管仲推辞了几句。

文姜叹惜道：“可惜，当初我儿姬同（鲁庄公）没有留用你，以致失去了中原霸业，险毁仲父，忐忑不安。”文姜这话算是为当年的事道歉。

管仲一笑：“天意如此，鲁侯何须忐忑？”

文姜看管仲一笑了之，脸上表情忽然就松弛了下来，欲吐肺腑之言。

“齐侯欲霸天下，鲁国乃齐国近邻，然而，吾儿自小温顺，意志不定，恐被小人耸言，得罪上国。”文姜的语气变得很温和，能够感觉到完全出自一个母亲的关爱之情。

管仲听出其中的意思，文姜是在为鲁国铺后路，以免得日后齐国对鲁国下狠手。尽管管仲认为政治上的事情光用情面是换不来的，政治为的是国家社稷。曾经他从鲁国押往齐国的途中，有一个守门的小吏拍他马屁想升官发财，管仲都没有理睬他，政治不是什么私人恩情。

但现在却有些不同，文姜关乎着对鲁国的政治策略，所以，管仲不好去拒绝她，就回答：“夫人何出此言，齐鲁是一家人，哪有自家人打自家人的。”

“仲父一语提醒，是我多虑了。”

她站起身来，告辞。出了门口，要登上车的时候，又好像有什么要说似的回头看了一下管仲，止住了，坐进了车中，缓缓地离开。

曾经倾国倾城的文姜，此时头发已经花白了。管仲看着她远去，叹了口气。

遂国事件

齐桓公梦寐以求的霸主地位终于得到了，但他作为盟主的权威尚远远没有树立起来，霸主地位极不稳固。国与国之间的新仇旧恨、夙怨嫌隙，并没有完全解开。一旦遇到重大事件，众诸侯仍各行其是，并没有把他这个盟主放在眼中。于是冲突迭起，战乱此伏彼起，天下无一时太平，可谓风雨飘摇无静处。

郑国位于中原腹地，国家实力不是太强，疆域也不是很广阔，郑国君主最善于见风使舵，左右逢源。

郑厉公虽说参与了会盟，但郑国虎瘦雄心在，内心对齐桓公不服。郑厉公比齐桓公年长，听其任意调遣本就心里不舒服，更想起他父亲郑庄公的辉煌业绩，郑国国君世代为周王朝的上卿，冠冕列国，威服诸侯，那是何等的荣耀！现在却要唯齐桓公马首是瞻，心有不甘。于是与齐国有了离心倾向，并开始与南边的楚国联合，欲与齐国抗衡。

齐桓公大怒，正欲兴兵伐郑，却又后院起火，发生了“遂国事件”。

齐桓公五年（前681年），齐国在北杏与宋、陈、蔡、邾四国会盟，之后伐鲁时占领了小国遂，并派士卒戍守。后来，遂人趁齐国没工夫管他们，乘机发难，遂国内因氏、颌氏、工娄氏、须遂氏等四大姓氏族不堪忍受齐人戍卒的欺凌，以美酒佳肴为饵，将戍守士卒灌醉，全部杀死。

这事如同一个晴天霹雳降临到了齐国政府头上。

齐桓公本来因为郑国的事情刚刚消气，一听到这个消息，大发雷霆，打算屠城。

而管仲奉行的是仁义外交，屠城，绝无仅有的残忍，如果那么做了，以后更加没有人会信服他，他的霸业将前路漫漫。遂国的因氏、颌氏、工娄氏、须遂氏四个家族背后必然有人主使，否则，以他们的实力断然不敢屠杀齐国军队。谁呢？很有可能是鲁国，遂原来就是鲁国政府下属的附属国，鲁国的人不甘心自己的地盘让齐国抢去，所以，暗地里趁齐国休兵之际教唆遂国的人这么做。如果齐国贸然出兵攻打遂国，鲁国出来横插一杠，到时候，齐鲁两国关系也将破裂，中原局势就会像堤坝决口，一发不可收拾。

事件发生几天后，管仲首先通告各国关于此事的来龙去脉，向百姓表示会立即处理，然后，力劝齐桓公，万万不可屠城。可是，不杀人怎么可能解开百姓心中的怨恨呢？如果不死一人而告终，百姓只会觉得国家软弱。

最后，商议出来的结论是屠杀参与事件的遂国四族。

齐桓公五年夏，齐国大军重新攻占遂国，在火辣的太阳底下屠杀了遂国因氏、颌氏、工娄氏、须遂氏四个家族上千人，同样血流成河，遂族人的鲜血渗入齐国人的血河中，这种做法是在警示那些敢于反抗的人，但是，这种手段是像秦始皇那样的政府使用的，并不适合管仲的政策。

接下去，就是把那些死难的齐国士兵的遗体运回来，四匹马拉的战车排成了长龙，飘着白色的旗帜，哀泣声连绵不绝。百姓们在痛苦地哭泣，失去亲人使他们在这种混战的年代里更加悲伤和绝望。

其实，现在最痛苦悲伤的人是管仲，他在政治上丢了郑国的局势，整个中原的大半局面在短时间内崩溃了，等于自己白忙了一场。而且，一下子死了那么多兵士，百姓产生了怨恨，又屠杀了遂国的上千号人，遂国人也在心中怨恨他，相当于“内忧外患”。

在这个时候，管仲写了一张公告，也算是朝廷的自责。他写着写着，泪水盈眶，滴在了绢帛上，化开一团微微透明的水花。

管仲反省自己的称霸战略。在一个天下分封、以周天子为共主的时代，兼并他国真是难啊。齐国只是吞并了那么一个小国，就遭受到如此惨痛的代价，可想当时人们的本土意识还是很强的，也再次证明吞并天下在当时是几乎不可能的事情。

其次就是人心。管仲看到无论诸侯还是百姓，很多都是口服心不服，这样的人随时会变脸，随时会反击。而管仲要的不是这个，他要的是人心，“仁义”战略的对象就是人心，团结在一个核心当中，而吞并战略的对象是土地，它们是截然不同的。

刚刚平定了遂乱，周王室却再起风波。

原来，齐桓公十年（前676年），周僖王驾崩，太子姬阆即位，为惠王。惠王二年，朝廷便爆发内乱。周惠王求助于郑国，郑厉公派出大军对叛乱者进行血腥镇压，很快平定内乱。部分作乱者逃亡到卫国，在卫国的协助下拥立公子颓为周王，与周惠王抗衡，并派遣大军攻打周室朝廷。至此，郑、卫两个大国，一家帮助惠王，一家扶持公子颓，争战不休，结下了新怨。

自北杏会盟以来，一直与齐国交好的陈国也不平静。陈宣公以蓄意谋反罪杀了公子御寇。与御寇关系密切的公子敬仲受到牵连，只身逃往齐国。敬仲的贤德博得齐桓公的赏识。齐桓公便从中斡旋，欲使双方和好。陈宣公不允，齐桓公便将敬仲留在齐国为官，由此而得罪了陈国。齐、陈两国也存下了芥蒂。

齐国国内也并不安宁，北戎、东戎乘齐军四处征伐不服，国内空虚之机，不断袭扰齐国边境，杀人放火，抢掠财物，捉走男丁、女人，闹得人心惶惶。

整个天下，并不因有了盟约而稍有安定，可谓四下里起火，八下里生烟。齐桓公在管仲的辅佐下，不急不躁，打着周王室旗号，或施之于德，或施之于武，或德武兼用，四处征伐，八方安抚。先后平定了北戎、东戎，解除了后顾之忧；又兼并了不驯服的纪、鄣、徐等若干个小诸侯国，齐国国势更加强盛。

陈完入齐

公元前672年春，文姜夫人去世了。这一年还发生了一件大事，从陈国跑过来一个人，这个人的子孙后来终结了姜氏齐国，史称“田氏代齐”（陈完到齐国后改姓田）。

这个人叫陈完，是陈国前任国君陈厉公的儿子。据说，陈完刚出

生的时候，周太史正好路过陈国，陈厉公请他给陈完卜卦，卜得的卦是《观》卦变为《否》卦，太史说：“卦辞的意思是：观看国家的风俗民情，利于做君王的上宾。这是说他将取得陈国君位拥有国家吧？也许不是在陈国而在他国吧？或者是不应验在他身上，而应验在他的子孙身上。如果是在他国，必定是姜姓国，姜姓是帝尧时四岳的后代。事物不可能是两个同时强大，陈国衰落后，他这一支将要昌盛起来吧！”这一卦辞后来果然应验了，他的子孙成了齐国的主人。

陈完的父亲厉公被蔡人杀害后，他继承王位也是没希望了，但好歹也是个王爷，本来生活是相当安逸的。可是，陈国现任国君陈宣公昏庸淫乱，特别宠爱新娶的夫人，并想立他们的儿子款为太子，就杀了原本的太子御寇。陈完和太子御寇是很要好的朋友，他怕祸及自身，只好逃亡，跑到齐国寻求庇护和帮助，请求齐国为陈国太子报仇。

齐桓公听说陈国的事后，觉得不能坐视不管，讨伐昏庸的诸侯也是霸主的责任，于是就问管仲怎么办。

管仲的意思是没有空，前面连平定周王室叛乱的功劳都让给了别人，现在更加不会去管陈国的事情，况且根本就没有什么十足的理由去插手。而且，他当务之急是稳固齐国对鲁国政治的控制，赶快把哀姜与鲁庄公的婚事办了。

齐桓公一想，有道理，现在自己这个霸主都没有做稳，还不能正式处理这些小事。

虽然干涉陈国内政的事情被管仲否决了，但是齐桓公非常欣赏陈完这个人才，极力要把他留下。他要拜陈完为卿，也就是和鲍叔、王子成父同样的级别，可是陈完没有接受。

陈完的理由是，齐桓公没有答应帮助他解决陈国的事情，他的事情没有办成，怎么可以接受这样的待遇去享受呢？就婉言推辞了。可见，陈完还是很有原则的人。

他一推辞，齐桓公更器重他了，一再延请。没有办法，陈完就接受了工正（管理百工，营造）这个官职。

齐懿仲想与陈完结亲，特为此事进行占卜，占卜的结果说："这叫作凤凰飞翔，和谐的鸣声锵锵。有妫氏的后代，将在姜氏那里成长。五代之后就要昌盛，和正卿的地位一样。八代之后，地位之高没人比得上。"于是他便女儿嫁给陈完为妻。

陈完到齐国之后，把陈氏改为田氏，"陈"与"田"在古代同音相通。

陈完留在齐国，管仲并没有提出异议，毕竟他不是神，未来的事情他不可能预料得到，更不可能想到这样一个人才竟是命运之神派来灭亡齐国姜氏的。他现在全部的注意力都在鲁国，可以说第二阶段策略的第一步就是鲁国，原本就不稳固的齐鲁关系，现在因为文姜的死，丢了一个棋子，管仲要把它重新安上去。

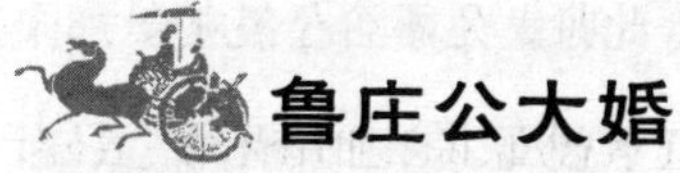

鲁庄公大婚

鲁国是周礼的保存者和实施者，时人称"周礼尽在鲁矣"。鲁国是有名的礼仪之邦各国诸侯想要了解周礼也往往到鲁国学习。然而，鲁

国的国君鲁庄公，却在不到两年的时间内，连续三次做出了非礼越轨之事。

公元前673年的夏天，鲁庄公的母亲文姜夫人去世了。文姜临终的时候，留下遗言交代道："你舅舅（齐襄公）的女儿如今已经长大成人了，你要快快把她娶来，以正六宫之位。千万不要拘泥于制度，误了佳期，使我在九泉之下难以瞑目。"

齐襄公的女儿，史称哀姜，一生下来时就和鲁庄公定了婚约。当时鲁庄公不愿被齐国控制，并不同意这桩婚事。但是如今，哀姜已出落得亭亭玉立，也是齐国有名的大美女了。鲁庄公在安葬了他的母亲之后，就打算派人到齐国去议婚。

此举遭到了大夫们的一致反对，因为太后去世了，作为孝子的鲁庄公，按照当时的礼仪，必须先要守孝三年，然后才能成婚。鲁庄公勃然大怒："这是我母亲临终时的遗命！你们居然从中作梗！"最后，鲁庄公与诸大夫们相互妥协了，双方的意见加起来除以二，酌中处理：先守孝一年半，再与齐女成婚。

一年半后，也就是公元前671年春，鲁庄公派使者来到齐国，申订前约，言明鲁庄公决定亲自来齐，行纳币之礼。齐桓公欣然同意。

这一年的夏天，鲁庄公来到了齐国的临淄。《左传》记载，"二十三年夏，公如齐观社，非礼也"。鲁庄公此行，是不合于礼的。那个很久没有发言了的曹刿，终于忍不住，出来劝谏说："不行！主公，你不能去。因为礼，是用来治理百姓的。所以会见，是用来训示上下之间的法则的；朝觐，是用来排列爵位的仪式，遵循老少的次序；征伐，是用来攻打对上不尊敬的人。诸侯朝聘天子，天子视察四方，都要遵循会见和朝觐的制度。如果不是为了这些大事情，国君是不会轻易出动的，请问您去齐国做什么呢？国君的举动，史官一定都会加以记载，记载的而又不合于法度，后代子孙看到的将是什么？”

鲁庄公不听，来到了齐国。齐桓公一向不喜守礼，但这一次，他竟守礼了。齐桓公对鲁庄公说：“你们鲁国，乃礼仪之邦。守孝，必须是三年，你身为国君，不可乱了法度，还是先回去慢慢等吧。”齐桓公是他小舅，又是霸主，身份高于一般诸侯。于是，鲁庄公只好回到了鲁国。

同年秋，鲁庄公在桓公庙的梁柱上涂上红漆。而在那时，这种规格只能用于天子，不能用于诸侯。所以大夫们又劝谏道：“下臣听说节俭，是善行中的大德；奢侈，是邪恶中的大恶。先君具有大德，而主公您却把它放到大恶里去，恐怕不可以吧！”

但鲁庄公根本不听。公元前 670 年的秋天，守孝刚满三年，鲁庄公就从齐国把哀姜娶了回来，立为鲁国夫人。这个时候，鲁庄公已经是 37 岁了，在位已有二十四年，而哀姜也有 23 岁了。

鲁庄公娶齐哀姜为夫人，《左传》上记录：“秋，哀姜至。公使宗妇觌，用币，非礼也。”再一次说庄公非礼。哀姜来到鲁国，鲁庄公让同姓大夫的夫人们相见时，用玉帛作为见面礼，这又是不合于礼的。

大臣们纷纷劝谏说：“男人相见的礼物，大的是玉帛，小的是禽鸟，用东西来表明等级。女人相见的礼物，不超过榛子、栗子、枣子、干肉，以表示诚敬而已。现在男女用相同的见面礼，这就没有区别了。男女的区别，是国家的大法，以前的时候，鲁国已经被夫人搞乱了一次，现在，您恐怕不可以再让夫人搞乱一次吧！”

鲁庄公哪里听得进？连续三次违背礼法，《左传》认为，鲁国的衰败就从这里开始。

幽地会盟

鲁庄公娶哀姜之后，齐鲁两国再添联姻之好，盟约更加巩固。齐桓公、鲁庄公二位颇有作为的国君，集两个大国的军队，联手征伐不服的诸侯国，威势大振。渐渐地收服天下，连最不驯服的郑国也见齐国势大，开始真心实意地考虑结盟之事了。

此时，郑厉公突已死，郑文公即位。最初，郑文公对于是否与齐国结盟之事举棋不定，这也是大国之君惯有的一种矛盾心理。如主动请求结盟，齐人肯定以为郑国人胆小如鼠，从而小觑了郑国，郑国到底也是个曾称雄一时的大国啊！如不请盟，齐侯对郑国背盟与楚国交好一事耿耿于怀，绝不会善罢甘休，有朝一日势必兴师问罪。如果大军骤至，郑国国势不振，兵无斗志，无力抗拒齐军乃至诸侯联军，除了请降之外别无他路。如若被逼走投无路而屈辱请降，还不如现今请盟。

郑文公正在左右为难之际，齐国使臣到来，送来齐桓公的一封书信。郑文公不知何意，忐忑不安地展开观看，却原来是一封表示修好的书信。文公见书信中言辞恳切，有理有节，字里行间没有一丝一毫盛气凌人的霸气，确实表现出一副中原盟主的风范。郑文公大为感叹，对群臣道："素闻齐侯心胸博大，更有满腹韬略的管仲辅佐，将齐国治理得有声有色，颇有称霸天下的气势。今日只见一书信，便可窥见全豹，确是非同凡响。郑此时不与齐结盟，更待何时！”当即修书一封，让齐使带回，表示深怀结盟之心。

齐桓公得到郑国愿意结盟的消息，非常高兴，当晚摆下酒宴，与管仲、鲍叔、隰朋好好庆祝了一下。几个人正喝着酒，有陈国的书信送到，陈宣公也表示愿重修旧好。

齐桓公大悦，道：“寡人今日双喜临门啊！”管仲等纷纷向他道贺。

君臣几人当即商定，当年（前 667 年）夏天再一次会盟诸侯。此时的齐桓公，已非北杏会盟时的齐桓公了。他经过千锤百炼，又耳濡目染地受着管仲的影响，处理内政、外事都越发老练、达观了。

对于会盟的地点，管仲认为，不要设在齐国的土地上，选在宋国为好，就在幽地吧。

齐桓公本来想借机展示一下齐国的兵威，听管仲这么一说，就问为什么。

管仲说：“这次会盟与宋国无关，但仪式选在宋地举行，宋君是东道主，必定参加会盟。可借此机会调解郑、宋两国之间的新仇旧怨。”

齐桓公连连说好，又问道：“爱卿以为，当约请哪几个诸侯国？”

管仲略一思索，道：“约请鲁、陈、宋、郑四国诸侯可矣。”

齐桓公问：“陈、宋、郑三国参加，是理所当然之事，为何要约请与会盟毫无关系的鲁国呢？”

管仲道：“之所以请鲁国参加，则是因为现今齐、鲁两国关系亲善。那三国之君多反复无常，请来鲁侯也算是做个见证人吧。”

齐桓公赞道："还是爱卿想得周到。会盟之事就这么定了！"

周惠王十年（前667年），齐、鲁、陈、宋、郑五国在幽地会盟。齐是主盟国，郑、陈是请盟国，宋是东道主，鲁为见证国。

这次会盟参与的国家虽不多，但意义绝非往昔的会盟可比。这次才是既不凭借王命，又没有大军威逼，是真正意义上的结盟。五国君侯谈笑风生，席间觥筹交错，管弦丝竹，气氛融洽。总之是一次胜利的大会，和谐的大会。

正当各国诸侯在酒筵上皆大欢喜、其乐融融之时，竖刁进来向齐桓公禀报道："大王，天子陛下使臣召伯廖到了。"

齐桓公大为惊讶地啊了一声，扫视了众君侯一眼，忙道："快请！快请！"

管仲站起身来，将周室上卿召伯廖迎进帐来。召伯廖上前拜见各君侯。

齐桓公见周室使臣乍然而至，不知发生了什么事，脸上本来带着些许的惶惑和不安，但见召伯廖进来时一脸的喜悦之色，立时放下心来，问召伯廖道："本公召集中原诸侯会盟，以示修好，天子陛下可有旨意？"

召伯廖解下书简，向齐桓公施礼道："特来向大王报喜。"

"哦？喜从何来？"齐桓公忙问。

召伯廖道："天子陛下赐名您为'方伯'，继承太公的职位，并执掌对天下诸侯的征伐大权。这还不可喜可贺嘛！"

"啊！"齐桓公一听，顿时喜形于色，眼睛大放异彩。

众君侯也一齐看向齐桓公，纷纷道贺，但目光中更多的还是羡慕。

齐桓公立即命人重新设筵，留下各国君侯一并盛情招待召伯廖。

席间，气氛更加热烈了。

齐桓公打着“尊王”的旗号，足足折腾了十几年，“盟主”称号也叫得滥了，这却是首次获得周王室的正式承认。到今日方称得上是上应天时，下顺民心，四野归服，整个黄河下游地区的大小诸侯国，在齐国“尊王”的旗帜下，结成了一个庞大的集团。齐桓公也才真正成为名副其实的中原霸主。

讨伐卫国

幽地会盟圆满闭幕。

齐桓公仍陶醉在喜悦之中，对管仲及众文武大臣道：“我等君臣呕心沥血，苦苦拼搏十数载，今日方可称之为大功告成！这都是众位爱卿的辅佐之功啊！从今往后，寡人终于可以松一口气啦！”

众臣也都个个面露喜色，称颂赞美之语不绝，只有管仲脸上没有丝毫喜悦的表情。齐桓公诧异地问道：“如此大喜之事，仲父为何不悦？”

管仲神色严肃地道：“听闻惠王天子十分精明，决非庸君。而这样的有为之君，怎么会平白无故地把讨伐天下诸侯的大权拱手送与大王呢？臣百思不得其解，故此喜不起来。”

齐桓公不以为然地道，“这怎么会是平白无故地送与寡人的呢！

从兴霸大业开始之日起，寡人就用的是仲父的策略，以‘尊王’为名，确确实实给周王室增辉不少。比之以前被众诸侯视作破履一般撇在一边不理不睬，周室朝廷现在的处境比之以前不是有天渊之别嘛！寡人身为中原盟主多年，还不该有讨伐不服的权力嘛！”

管仲笑道：“大王的中原盟主当然给周室朝廷增辉不少。但大王您明白，微臣等明白，而周王天子并殿前诸位大臣也一定会明白，齐国只不过是拉着大旗做虎皮，并非真的要‘尊王’啊！”

齐桓公听罢管仲所言，突然放声大笑起来，道：“这都是拜仲父所赐，难道还要寡人真的尊王不成！”

“当然不会。”管仲也笑道，“但，既然大王您要利用周王室，周王天子就送个顺水人情来了。不过，微臣断定，周王天子一定会有新的‘谕旨’接二连三地飞来！”

齐桓公正对管仲所言将信将疑之时，忽有侍从来报，说天子陛下的使臣单伯到了。齐桓公一听，瞅着管仲愕然道：“果如仲父所言，真的来啦！”

单伯进殿拜见齐桓公。

齐桓公命人赐座，待单伯坐下后，蹙眉问道：“召伯廖大夫前脚刚刚离去，单大夫后脚就到了，莫非又带来了天子陛下新的谕旨？”

单伯道：“正是。天子陛下请大王您代他征讨卫国。”

齐桓公惊异地问：“为何？”

单伯道：“当初陛下刚刚即位时，王室内乱迭起，卫惠公曾援助忤逆公子颓，与陛下抗衡。现今已过去整整十年了，卫国也没有得到应有的惩罚。这事成了陛下的一块心病，一想起来就食不甘味，夜难成寐。遍观天下诸侯，只有大王您一心一意地尊崇王室，所以只有请您代为惩治卫国啦！”

周惠王初立之时，公子颓及其同党发动的篡位叛乱，虽然一时得手，但很快就被平息了。公子颓等逃到了卫国，得到卫惠公短时的庇护。叛乱并没有形成气候，也没有对惠王的地位构成多大威胁。再说，当时在位的卫惠公已死，现在是卫懿公在位，根本用不着再去小题大做。周惠王所以有此谕旨，只不过是想试探一下齐桓公口中说得那么悦耳动听，是否真的“尊王”？也乘机试一下自己这个堂堂天子陛下是否还有权威。

听单伯说完，齐桓公看了一眼管仲，见管仲向他点头示意，便明白了，对单伯道：“请大夫回禀陛下，小白不才，当亲率大军讨伐卫国，为天子陛下雪恨！”

送走了单伯，齐桓公看着管仲，心悦诚服地赞道：“仲父真乃神人也！”

翌年（前666年）春，齐桓公准备伐卫。

齐桓公与管仲商讨，问道：“此番讨伐卫国，邀哪一国诸侯之兵为好？”

管仲却一反常态，说道：“大王不是一直要显示一下齐国的兵威吗？伐卫正是时机。”

齐桓公疑道：“怎么？仲父莫非要齐军一家去讨伐卫国？”

“正是！”管仲胸有成竹地道，“臣已打探属实，卫懿公乃是个平庸之君，平时只知吃喝玩乐，整日耽于酒色。有其君，必有其将，卫军必然不堪一击，只齐军足可以一举踏平卫国！”

齐桓公闻言大喜，当即点齐精兵八千，兵车五百辆，亲自率领出征讨伐卫国。这是齐桓公称霸以来，第一次真正遵照周天子的谕旨，

讨伐不驯服的诸侯。卫懿公于周惠王九年刚刚即位，还不到两年，没有经过大风大浪，尚不知道齐军的厉害，听说齐桓公亲率大军犯境，不问青红皂白，昏头昏脑率军应战，结果犹如鸡蛋碰石头，两军刚一交锋，卫军便即溃败。齐桓公率大军乘胜追杀，直逼城下，隰朋大声宣读周天子的讨伐谕旨，数落卫国罪状时，懿公方才猛醒，明白了为何受到讨伐，便大呼冤屈，他认为那些事都是先君惠公干下的，与他没有丝毫干系。于是，卫懿公备下五车金银玉帛，命长公子开方送到齐军大营，请求讲和、免罪和并请求入盟。

齐桓公问管仲："仲父以为，此事该当如何处置？"

管仲道："周王朝有制度，本人有罪不牵累子孙。卫国既然愿意遵从王命，加入盟约，应该答应他们的请求为是。"

"好。"齐桓公点头答允，"就依仲父之见。"

齐桓公接受了卫国的讲和，一面派使臣向周惠王报捷，一面准备班师回国。

齐桓公从即位七年（前679年）后开始正式称霸，在长达十三年的时间里，会盟诸侯，德、武并举，东征西讨，建立并巩固了兴霸大业。这一时期，由于全面实行管仲制定的内政外事策略，兴霸事业蒸蒸日上。到周惠王十年的幽地会盟，周王赐号，以王师伐卫大胜，终于大功告成，一统中原。

就在齐国大军离开卫国前，却出现了一个插曲。插曲虽小，后果却很严重，将来直接影响齐国国政的兴衰，不得不提一下。

原来，卫懿公的长公子开方，眼见齐国的强大，齐桓公的威风，十分眼热。于是恳求齐桓公带他到齐国，赐给他一个小小的官职。

管仲并不熟悉这位公子，便亲自叫来询问道："你是卫公的长子，论次序该当继承卫国君位，为何舍弃一国之君不当，却要抛离家乡，跑到别的国家去做一个臣子呢?”

开方回答道：“盟主是天下最贤明的君侯，开方如能够执鞭随镫侍奉左右，那就太荣幸了，当一个小国的国君有什么滋味儿?”

开方回答着管仲的问话，眼睛却温情脉脉地望着齐桓公，一副献媚的神态。管仲听了他的话，便知此人非为人才，却是个多是非之人，便想劝说桓公拒绝带他回齐国。但此时的齐桓公由于一连串的胜利，早已被冲得飘飘然、昏昏然，听到开方的赞美之词，不由得眉开眼笑，当即答应了开方的请求。

管仲还没来得及劝说，见齐桓公已经允诺，当着众人的面，再难启齿，只是紧蹙眉头，叹息一声，心中暗想：大王身边已有竖刁、易牙两个阴险刁钻的小人，现今又多了一个媚气十足的开方。如不早加防范，齐国江山恐怕要败在这三人手上了。

齐桓公将开方带回齐国，拜为大夫。由于开方善言词，有心机，没多久便与竖刁、易牙打得火热，并受到桓公和众位娘娘的宠爱，齐人称之为内宫“三贵”。有管仲在，这“三贵”不敢造次。等到管仲这个克星一死，他们便开始兴风作浪，把一个好端端的齐国江山，折腾得乌烟瘴气，从盛极走向衰落。

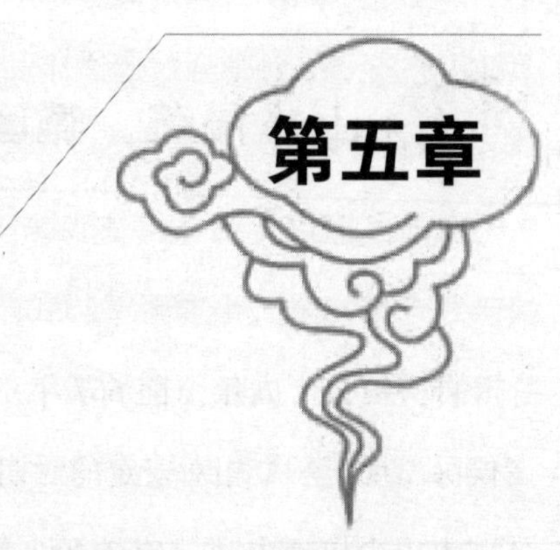

尊王攘夷，成就霸业

齐桓公的兴霸大志早已不仅仅局限于中原。南有强楚与之抗衡，齐桓公总感到霸王之位受到威胁。

山戎侵袭，燕国告急

自齐桓公十九年（前 667 年）幽地会盟以后，黄河下游地区的各诸侯国出现了一个相对安定的时期。诸侯间的仇杀争战大大地减少了，各国也很少出现内乱。黎民百姓在饱经战争之苦以后，终于可以安居乐业，将养生息了。

齐桓公霸业渐趋稳固，再也用不着在中原诸侯中东征西伐。由于解除了后顾之忧，在管仲的精心谋划下，开始了兴霸的又一伟业——攘夷。

管仲提出首先要讨伐以中原诸侯为敌的狄、戎两夷族，而齐桓公则想讨伐楚国，君臣二人再次意见相左。

齐桓公急欲伐楚自有他的道理。原来就在齐桓公征伐中原，建立霸业之时，另一个强硬的对手——楚国也正在悄悄崛起。楚成王任用子文为令尹，改革政制，治兵重武，任贤用能，经过几年的治理，楚国逐渐强盛起来，越发狂傲不羁，不再向周王室进贡包茅，并常常露出觊觎中原的野心。

此时，齐桓公的兴霸大志早已不仅仅局限于中原。南有强楚与之抗衡，齐桓公总感到霸王之位受到威胁。

这一天，他对管仲说道：“中原盟约诸侯国中，独有郑国最为反复无常，为何？就因为郑国与楚国毗邻。有强楚在后掣肘，才使郑国总是扭扭捏捏地不敢放开手脚加入中原盟约，与齐国交好。因此，寡人想乘着气势正盛之际，纠集中原诸侯大军，远征楚国，一举挖掉这块心病。仲父以为如何?”

管仲对此早有深谋远虑，听了齐桓公的话，便回答道：“楚在荆壤之地称王，疆土广大，国势强盛，早就不把周天子和您这位中原盟主放在眼里了。现在又任用子文执掌国家大政，越发势不可当。如要征讨楚国，绝不会如对付中原诸侯那样，或凭周天子一道谕旨；或派一舌辩之士进行游说；或大军压境，就可以制伏的。大王以为，远征楚国有必胜的把握吗?”

“没有。”齐桓公坦率地回答。

管仲严肃地道：“大王要在这乱世中站稳脚跟，每一场战事都必须做到运筹于帷幄之中，决胜于千里之外方可。大王既然尚未有必胜的把握，怎敢轻率地深入虎穴，去捋楚国这只猛虎的胡须!”

“但我一个堂堂的中原盟主，总不能知难而退吧!”齐桓公蹙眉说道，“再者，虽说楚国是一只猛虎，但我不可以做一个打虎英雄吗？仲父不是常说，谋事在人，成事在天吗？怎么今日反倒缩手缩脚起来!”

管仲道：“可事尚未谋，天又怎会庇佑大王成功呢!”

这句话大概过于刺激，齐桓公的脸上现出不悦之色，默默无语。

管仲暗道：“不好，可不能把事情弄僵了。”想到此，他立刻转换了一种委婉的口吻道：“大王想想，多年的煎熬，才换来盟主之位的稳固，诸侯的心悦诚服，黎民百姓也安居乐业，再也不想战争了，只想平平静静地享几年太平日子。在这人心思安之时，如果不是发生关乎到某一盟国兴衰存亡的大事而轻易兴师动众，劳民伤财尚是小事，

恐怕还会再次失去诸侯的拥戴。俗语说，覆水难收。人心一失，再想收回来就难上加难了。”

他见齐桓公脸色转缓，续道：“依臣看来，现今最为稳妥的做法，当为树立权威，广积德义，继续富国强兵。至于伐楚，那是迟早之事，必须坐等良机，不出兵便罢，一出兵必胜!”

齐桓公低着头仍不说话。自管仲入相以来，辅佐他治理齐国，齐国政纪肃然，秩序有条；征伐诸侯，所向披靡，诸侯归服；统领大军，驰骋中原，傲视天下；出谋划策，神机妙算，百无一失。天长日久，管仲在他的心目中已占据至关重要的位置，否则以他堂堂的大国之君、天下盟主的身份，怎会口口声声“仲父”长、“仲父”短地叫着呢？所以他虽急于伐楚，但在管仲面前却没有坚持己见。管仲的一席话，说动了他的心，但他仍不想服软，看了一眼管仲，以半是赞同半是牢骚的口吻道：“好吧，既然你仲父认为此时伐楚不合时宜，那就等吧。只怕要等到寡人头发花白，身躯臃肿之日再去对付楚国啦!”

管仲微笑道：“不会的。今日臣说句狂话，总有一天，臣一定要让楚国臣服大王!”

齐桓公道：“好。寡人记住仲父这句话啦!”

中原之大，祸患之多，是不会让齐桓公这个“盟主”消闲下去的。就在齐桓公对于伐楚举棋不定时，燕国的使臣到了，带来了一个惊人的消息——夷族山戎连连侵袭，燕国危急!

燕国使者当然是来搬救兵的。

齐桓公远征南方楚国未成，又见北地燕国前来告急，斗勇好胜之心陡起。他本想立即答应派兵救燕，却又不知管仲是何想法，便召管仲商量。

齐桓公说了燕国势危之事，问道："仲父以为，此事该当如何处置?"

管仲断然道："讨伐山戎，救助燕国!"

齐桓公一听管仲所言，大惑不解，愕然问道："寡人欲讨伐楚国，仲父以为楚国路途遥远，伐楚必劳民伤财，无功而返。现在却又赞同征伐山戎，山戎不也同样路途遥远吗?赞同讨伐山戎而却不赞同伐楚，是何道理?"

管仲微笑说："当今天下，南楚、西狄、山戎，都是周王朝乃至中原的祸患，也是齐国的强敌。大王既身为中原盟主，当为天下铲除三害。"

"是啊。"齐桓公接言道，"楚国不也是三害之一吗?"

"楚国是三害之一，"管仲回答道，"但做任何事情都要分清轻重缓急。楚国国势强大，甲兵数万，兵车数千辆，大王远讨强楚，势必两败俱伤，即使侥幸胜楚，也会使齐国元气大伤。到那时，能够维系中原安定已很不易，狄、戎再乘机作乱，更是无能为力了。由此可见，此时伐楚有百害而无一利。"

"那讨伐山戎救燕呢?"

"讨伐山戎则又不同。"管仲答道，"山戎之所以猖獗一时，正是大王连年将心血用于中原，无力顾及北方，才养虎为患。此时齐国军队经过养精蓄锐，士气正盛。即使山戎蜗居不动，大王都要征伐，更何况其侵扰燕国，正可乘机出师，一举将这股祸水清除掉。再者燕国与齐国皆同属周室朝廷，现今有夷族侵犯燕国，大王乃是中原盟主，焉能袖手旁观！能救而不救，若燕国有失，岂不大大折损了大王的威望!"

齐桓公又问：“可大军讨伐山戎，楚国乘机侵犯中原怎么办？”

管仲道：“楚国虽然强悍，但要进取中原，必须跨越郑、宋这两道屏障。现今郑、宋新与大王结盟，楚国一时无法图谋中原。大王可放心北征，如能收复山戎，则既解除了北方的后顾之忧，又添一强燕成为盟国。到那时，大王或南征楚国，或西讨狄夷，都将无忧无虑，随心所欲，天下无人能敌。这就是所以能伐山戎，而不能伐楚的道理啊！”

但齐桓公绝不是一个人云亦云的君侯，听了管仲细致入微的分析，仍心存疑虑，复又问道：“燕国远居北地，寡人和仲父对燕国和山戎却是一无所知啊！寡人听说，为祸燕国的除了山戎之外，还有冷支、孤竹两个夷族小国，其骁勇善战，举世闻名。齐军如征讨山戎，耳不明，目不清，仲父又怎能断定会一举平定山戎呢？”

管仲微微一笑，胸有成竹地道：“不是微臣口吐狂言，山戎的一举一动尽在臣的掌握之中。”见桓公投过来惊异的目光，管仲便将山戎的习俗、特点和袭扰燕国的情况一一道来，竟是如数家珍。

原来，燕国都城为蓟（今北京一带），它的北部紧靠山戎部落。山戎人剽悍骁勇，能骑善射。但他们自己不从事耕田种粟，而是靠围猎、抢掠为生。抢掠目标便是燕国东北部地区。

山戎人人都善骑马，每次南下，不光抢掠粮食、财物，甚至连青年男女也一并抢去，男人被迫做苦役，女人则被迫成为山戎男人的妻妾。燕国东北部百姓被骚扰得苦不堪言。

燕庄公屡屡派兵截杀，可山戎人路熟马快，忽而旋风般骤至，忽而潮水般隐去，飘忽不定，行踪诡谲。往往是燕军听到示警匆忙赶去时，山戎人早已不见踪影，更别说剿灭了。燕军刚刚撤去，山戎马嘶人吼，复来袭掠。燕庄公百般无奈，也曾试着命大军进至山戎的巢穴清剿，但山戎左有冷支国，右有孤竹国，三方互为犄角，且该地区山高林深，地势险要，能攻宜守。山戎又常将抢劫到的财物、女人送与冷支、孤竹为礼。三家关系甚为密切，一有风吹草动，互相策应，所以进剿的燕军常常有去无回。由于长期受其劫掠，燕人闻戎变色，成人常以山戎来吓唬三尺顽童。

管仲说到这里，见齐桓公听得目瞪口呆，又给他打气儿道："不过，大王不必担忧，夷戎虽然强悍，但在臣看来，却不过是一群乌合之众，只要齐国大军一到，必作鸟兽散。"

齐桓公所以吃惊，并非是因为听到山戎的强悍和凶残，而是因为管仲对山戎行动之熟悉。在桓公看来，管仲入相后，跟他南征北战，几乎寸步不离左右，竟将远在北地的山戎了解得如此透彻，真是不可思议。他忍不住问管仲："仲父自拜相后，一直紧随在寡人身侧，从未到过北地，却怎么会对远燕和夷戎的争战如此了如指掌呢？莫非仲父真是神人？"

管仲微微一笑道："此事并非微臣所能，臣更不是什么神人。所以做到这一点，却是因为大王善识人，肯任贤啊！"

齐桓公越发困惑，问："这和寡人又有何关系？"

管仲道："大王难道忘记了吗？当初正是您派遣大夫晏尚长驻燕国的嘛！晏尚临行之时，臣曾有过吩咐，要他身在异地，切切不可参与燕国的任何政事，只暗中观察燕国和山戎的一举一动，做一个不惹人注意的闲客即可。有了晏尚，燕国和戎夷的举动，自然尽在微臣掌握之中了。"

齐桓公听了，不由得感叹道："仲父这才真正叫作运筹于帷幄之

中，决胜于千里之外呢！真是寡人的魂魄啊！”

齐桓公二十三年（前663年）冬春之交。齐桓公按照管仲的谋划，不征召别国诸侯的一兵一卒，只率齐国精锐之师开始了远征戎夷的壮举。

大军晓行夜宿，数日后到达济水（齐、鲁两国的交界处）。鲁庄公听说齐桓公出征讨伐山戎，亲自率众迎到济水来为齐军壮行，并献上牛羊和大军应用物品，犒劳齐军。

齐桓公见鲁庄公亲来，脸上顿添光彩，向鲁侯深表谢意。他向鲁庄公细述了燕国求救之事，鲁庄公慷慨陈词道：“君侯亲率大军救助燕国，剪除外寇，鲁国也同样受益啊！山戎猖獗之时，也时常南下袭扰鲁国的北部疆界，祸害百姓。齐国有此壮举，鲁国也绝不会袖手旁观，君侯如若需要，寡人也愿率鲁军助一臂之力。”

齐桓公大为感动，但想到齐国精锐之师如果连一个小小的山戎也平定不下，何以威服天下诸侯？他正要婉言谢绝，管仲却早已抢上一步，向鲁庄公稽首施礼，客客气气地说道：“山戎虽小，却极其凶狠强悍，且远居北地，道路崎岖，地势险峻，又有冷支、孤竹两国为援，很难平定。我国主公原不敢惊动您的大驾，但鲁侯既然有此美意，如若拒绝，却显得对您有失恭敬。您若果有诚意，齐军愿在前与戎夷厮杀，鲁军可作后应，以壮中原大军的声势。”

鲁庄公听了脸色微变，显然是对管仲这番话表示不快，但是他有言在先，无法反悔，只好点了点头，沉声道：“如此甚好，鲁军必当效劳。”

齐桓公与鲁庄公拱手相别，率大军继续北行。

路上，齐桓公问管仲：“大军出发前，仲父曾说，此次征伐山戎，只靠齐军就足够了，却为何又答应鲁侯为后援？”

管仲微笑道：“以鲁侯的老谋深算，自然知悉大王这次远征，不欲惊动别国诸侯，于是才有了这番话。依臣看来，鲁侯决非出自真诚，而只不过是一番客套，做一个空头人情罢了。如果大王拒绝，鲁国不动一兵一卒，齐国也算欠了鲁国的人情；如若顺势答应，鲁侯却是有苦难言，他若按兵不动，则是他有负于大王。他对大王有了负疚之意，日后大王再与鲁侯共事，就可进可退，更加应付自如。同样的事情，却有不同的结果，大王何乐而不为！”

齐桓公恍然大悟，感叹道：“真是人心叵测啊！”

齐军到达燕国之时，山戎已连续践踏燕国达两月有余，抢掠走了大量粮食、财物、牲畜，更掳走年轻男女不计其数，燕国东北部已是一片荒凉。

齐国大军刚到，山戎人便闻风而去，没有厮杀交锋，燕国的危机便已解除。

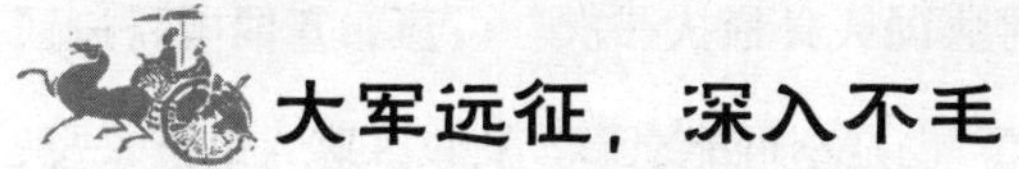

大军远征，深入不毛

齐桓公率大军进至蓟门关，燕庄公率众迎接。燕庄公感谢齐桓公以盟主之尊，亲率大军解燕国之危，设下盛筵为齐桓公接风洗尘。

席间，燕庄公在千恩万谢之余，不时地流露出忧虑之情。

燕庄公的表情变化自然逃不过管仲的眼睛。管仲也当然明白燕庄公所以忧心忡忡，是因为燕国危机虽暂时解除，但山戎毫发未损，齐国大军一旦撤走，山戎人自会越发凶狂，复来骚扰。齐军虽然势大，却不能长驻燕国，所谓远水不解近渴，也是无可奈何！这是三尺孩童也明白的道理，燕公如何不忧！

于是，管仲瞅了瞅齐桓公，点头示意，方对燕庄公道："外臣管仲见大王时时面露忧色，莫非还有什么难言之隐？大王但说无妨，燕国如有所难，只要齐国力所能及之事，必当倾力相助。"

燕庄公见管仲一眼看穿他的心事，不由得苦笑一声，吞吞吐吐地道："管相国果然目光锐利，寡人确有担忧之事。戎夷虽然退走，但并未有丝毫受损。齐军一旦撤离，燕、燕、燕……"燕庄公终归也是个大国之君，过分求助于齐国的话实在难以启齿，所以话说到半截儿，又吞咽了回去，只是无奈地摇着头。

管仲点了点头，表示明白了燕庄公未尽之言，而后慨然说道："燕侯但请放心，我国主公亲率大军到此，并非来游山玩水。而是早已定下雄心，此次进兵必将扫平戎夷，以绝燕国后患。"

齐桓公自然明白了管仲的示意，也随声附和道："是啊，戎夷近在咫尺，可以朝出暮归，对燕国一日骚扰一次。可燕、齐两国路途遥远，齐国即使一年出兵一次，也是不可能之事。所以，寡人既然来了，决不能无功而返。否则岂不使戎夷以为中原无人，越发猖獗了吗？"

燕庄公一听齐国君臣均做出重诺，大喜，久久悬着的心顿时放了下来，连连称谢，道："果真如此，那可实在是燕国百姓之福啊！齐国的大恩大德，燕国永世不忘！"他说着，变成了歉疚的口吻，"寡人身为燕国国君，不能励精图治，富国强兵，使燕国的百姓免遭戎夷骚扰之苦，深感惭愧。在这关乎燕国存亡的危急之时，寡人愿率燕国军队为前锋，以减轻齐军的重负。”

齐桓公见燕庄公十分诚恳，便安慰他道：“燕军屡屡和山戎厮杀，已经损伤惨重，寡人如何忍心让他们再去攻打头阵？”

燕庄公摇头，坚定地道：“不！齐国士卒为了燕国，舍家抛业，千里迢迢地来到北地争战厮杀，我若是坐在后面观望等待，既对不起君侯和齐军，也无颜面对燕国百姓！”

齐桓公不再说话，却向管仲示意。

管仲点点头，对燕庄公道：“大王果然心诚，燕军就作为后军吧，既可壮大声势，又可随时为齐军后援。对付山戎蛮夷，声势越大越能奏效。有了熟知戎夷之情的燕军相助，必能将其一鼓荡平！”

燕庄公道：“如此甚好，就依相国之见。”

燕国偏居北地，平素与中原诸侯交往甚少，但近几年来，燕国上下还是沸沸扬扬地传说着中原发生的大事。燕庄公也早已耳闻齐桓公和管仲乃是天下少见的明君贤相。齐桓公正是重用管仲，才治国强兵，兴霸中原。今日一见，果然非同凡响。尚未与戎夷交锋，只是听了管仲的一席话，可谓胜负已判。还有齐桓公的大度，管仲的睿智，鲍叔牙、隰朋、宾胥无、王子成父、仲孙湫等一干文臣武将的气势，以及大军的威严肃整，无一不让他深为折服。燕庄公深感惭愧自己同为一国之君，却是强国无方，抗夷乏力。同时，又暗自庆幸有强齐相助，燕国的安宁终于有望。于是殷勤敬酒，与齐桓公开怀畅饮。

管仲对燕庄公道：“还有一事相求，请大王相助。”

燕庄公正喝得痛快，听了管仲的话一愣，忙问：“相国欲求何事？寡人无有不允。”

管仲道：“大王您率燕军殿后，随时接应齐军。但齐军初来北地，人生地不熟，须请大王派遣一位熟知戎夷巢穴地形的将军率一小队人马作为向导。”

燕庄公一听，面露难色，沉吟良久，方道：“不瞒相国说，寡人屡派燕军到戎地清剿，但多是有去无回。寡人也曾亲自讨伐，但见戎地山路崎岖，水道回还，时而山壁陡峭如削，时而深谷大雾弥漫，燕军进去，如陷入迷宫，别说剿灭山戎，能逃得出来就是万幸。不是寡人拒绝，燕将中委实没有可做向导之人。”

见管仲皱眉不语，十分为难的样子。燕庄公又道：“不过，由燕国东去约八十里的地方，有一个叫无终（今天津蓟县一带）的部落，虽也是山戎的一支，但部落首领却十分看不惯他们四处烧杀抢劫的强盗行为，不齿与袭扰燕国的同族为伍，反与我燕国交往甚厚，并时常往来。只有他们熟悉戎地的地形，相国如果不以他们是戎夷而担心，可请其作为向导。”

管仲一听转忧为喜，道：“既与大王交好，一定是坦诚厚道的人，外臣岂有信不过之理！请大王快快派人去请。”

燕庄公立时命人备下礼物，派遣一名大夫并带齐将隰朋一同前往无终部落。

无终部落的首领是一位仁厚的长者，早已对其同族闹得天昏地暗、四邻不安的行径而深恶痛绝，见燕、齐两国重礼来请，欣然答应，当即命其头目虎儿斑率领五百骑兵前往助战，并作向导。

齐桓公在蓟城休兵数日，命虎儿斑率部下人马为前导，燕军为后军，自率齐军为中军，三路兵马向山戎部落进发。

燕庄公请求与齐桓公同行，以便于随时商讨征戎大事。齐桓正想让他领略一下中原盟主的风采，便欣然答应，带他和管仲等自统中军。

齐、燕大军向东北行进二百余里，来到一个道路曲折、地势陡峻的险要去处。管仲问燕庄公到了何处。燕庄公向周围扫视一眼，道："此地名叫葵兹，是戎夷袭扰燕地的出入要道。"

管仲请齐桓公和燕庄公下车稍为歇息。他前前后后察看一番地形，对桓公和庄公道："此地道路狭窄，地势险要；宜守难攻。大军过后，戎夷有谋之士如若在此设下一支人马，就将断了齐燕联军的退路和粮草接应。到那时，联军虽众，也会不战自乱，任凭戎夷宰割，不得不防啊！"

燕庄公听了管仲的分析，不由得暗自惊叹，钦佩地道："管相国真乃神人也！不瞒君侯和相国，寡人当初征讨戎夷未果，回军时正是在此地被断了退路，险些命丧荒野。寡人身边如有管相国这般足智多谋之人，戎夷安敢欺我！"

管仲听了赞美，一笑置之。他与齐桓公谋划一番，即传命齐军将粮草辎重大部分屯集此处，命鲍叔牙率部下人马驻守，务必保得齐、燕大军退路无忧，并兼负转运大军粮草和伤病士卒。

鲍叔牙极想随军厮杀，但听管仲述说葵兹谷口之得失关乎大军的生死，便欣然受命。待管仲将一切安排停当后，齐桓公和燕庄公方率军继续进发。

山戎部落的首领名叫密卢，是一个凶残狡诈的家伙，曾手持利斧一口气杀死燕国数十名俘虏，心肠之狠毒，手段之残忍，令杀人不眨眼的戎兵也为之咋舌惊呼。密卢荒淫无道，帐中妻妾成群，还从燕国抢来无数柔美女子。这次他率骑兵倾巢而出，深入燕国腹地数百里，恣意横行，连续抢掠七十余日，夺得粮食如山，金银珠宝成堆，美女

无数。听得齐军一到，便撤回巢穴，他以为齐军不可能久驻，粮草用尽必然撤走。

这一日密卢忽听齐国大军杀奔而来，顿时慌了手脚，召集众头目商讨对策。二首领速买献计道："大哥不必惊恐，如果在燕国地方交锋，或许齐军有所作为。现在齐军既然远道来到我们的地盘，一路攀山越岭，绕谷涉水，必然疲惫不堪。我可在险要之处事先埋伏，趁其立足未稳，突然四面冲出，杀他个措手不及，必获大胜。"

密卢大喜，命速买率三千骑兵，见机行事。

速买当即点齐三千兵马，在齐兵必经之路的山谷中三面埋伏，自领二百骑兵在谷口巡逻诱敌。

虎儿斑率本部五百骑兵先到。虎儿斑是一个勇夫，只顾一味进兵，果然中了速买的诱兵之计，被三千骑兵冲得七零八落，无终骑兵自相践踏，死伤无数。虎儿斑奋勇厮杀，左冲右突，终于寡不敌众，坐骑也被乱兵刺伤倒地。虎儿斑眼看要被乱刃分尸，恰好齐桓公、管仲率大军赶到。管仲见情势紧急，来不及排兵布阵，让人快救虎儿斑。王子成父、宾胥无、仲孙湫等大展神威，拍马冲进戎阵，一阵砍杀，杀散速买的戎兵，救出了虎儿斑。

虎儿斑眼见自己精心操练的五百嫡亲精锐骑兵，顷刻间变成一群残兵败将，心中一阵凄楚，不由得虎目落泪。见到齐桓公时，更是低头掩面，无地自容。

齐桓公安慰虎儿斑："胜败乃兵家常事，将军无须自责，寡人定当替你报仇雪恨。"说完，命随从挑选了一匹良马送与虎儿斑为坐骑。虎儿斑感激涕零，雄心陡升，再三恳求齐桓公仍派他打头阵，以雪此恨。齐桓公嘉其神勇，欣然答应。

大军继续东行三十余里，到了伏龙山。

这时天色已晚，齐军在山上、山下安营扎寨，营寨周围用战车排列成围墙。管仲把王子成父和宾胥无叫到跟前，俯耳低言，如此这般地嘱咐一番，二将点头，依计而去。管仲布置停当，方才安歇。

第二天清晨，密卢向速买俯耳低言，如此这般地嘱咐一番。速买点点头，率领一支山戎军悄悄离去。密卢亲率五千骑兵前来攻营。

管仲严令只准紧守营寨，不许迎战，违令者斩！

山戎骑兵呜嗷怪叫着连连向齐营冲击，一直攻打到中午时分，齐军营寨仍坚如磐石，岿然不动。突然，阵前喊杀声沉寂了下来，山戎兵一个个解甲卸鞍，在草地上东倒西歪，有的在吃干粮，有的在指手画脚地大声谩骂齐兵孬种，不敢接战。

管仲始终站在高处，观望阵前动静。见戎兵攻杀正急，突然停住，队伍松散，斗志衰竭，显出不堪一击的样子，不由得嘿嘿冷笑，自言自语道："三尺小儿的把戏，又岂能骗得了管某！"

他转过身来，对站在旁边的虎儿斑道："将军报仇雪恨的机会到了！"他为虎儿斑补齐五百骑兵之数，命他下山冲杀戎兵。

虎儿斑见密卢的山戎兵如此狂傲，早已气得青筋暴露，虎目圆瞪，一接管仲命令，当即打开营门，率领人马呼啸着冲下山去。

隰朋在旁却看出了情势不对，忙提醒管仲道："相国小心，恐怕是戎夷的诱兵之计。"

管仲望了隰朋一眼，赞许地道："将军所言极是，必是诱兵之计。"接着他冷笑一声，不屑地道："蛮夷的小小花招，又岂能瞒得过我？我正要将计就计，将军准备杀敌立功吧！"

隰朋不知管仲用何计策，但见管仲神色坦然，一副成竹在胸的样

子，登时放下心来，前往寨前巡视，准备出战。

虎儿斑率骑兵旋风般冲到密卢阵前，密卢率戎兵虚晃几个回合，便丢盔弃甲，争相逃窜。虎儿斑拍马追杀，就听到一声尖厉的呼哨，速买率领伏兵从斜刺里杀了出来。密卢骑着一匹高头大马，自以为得计，哈哈狂笑，长刀一挥，两路山戎兵顿时将虎儿斑围在核心。

正在这危急之际，齐营中突然战鼓“咚咚咚”擂得震天响。

只见王子成父和宾胥无各率一支人马仿佛自天而降，从两边山坡背后呼啦啦地掩杀过来。

管仲令旗一挥，隰朋从正面山上率齐军潮水般冲了下来。几支人马又将密卢和速买的戎兵围在核心。戎兵虽然强悍，却哪里见过这等阵势，自以为是神兵天降，立时溃不成军，自相践踏，呼爹喊娘，纷纷夺路逃窜。齐军大开杀戒，直杀得戎兵尸横遍野，血流成河。

齐军大获全胜。

原来山戎利用伏兵之计，侥幸取胜一战后，便有些忘乎所以，以为齐兵也不过徒有虚名。仗恃着地形复杂，再也不把齐军放在眼里，便仍想以诱兵之计将齐军引进埋伏圈，一举全歼。

岂料想强中自有强中手，齐军小折一战之后，管仲便从燕庄公和虎儿斑口中探知，戎兵设伏作战乃是其惯用伎俩，常常使燕军防不胜防。于是，料知密卢率戎兵取胜一阵之后，必定故伎重演。于是来个将计就计，以其人之道还治其人之身，以伏兵截杀戎夷的伏兵。当晚便命王子成父和宾胥无各率一支人马埋伏于山坡背后，只闻击鼓声响，从两边杀出。此计果然奏效，密卢手下戎兵死伤过半，再也不敢小觑齐军了。

密卢遭到惨败后，尝到厉害，再也不敢正面与齐军交锋。于是，凭借天险之利，占据了齐军继续前行的必经之路——黄台山谷口，以重兵固守，挖掘陷坑，在两边悬崖上准备下滚木礌石。可谓“一夫当关，万夫莫进”。齐兵到后，攻打数次，死伤无数，黄台山谷口却岿然不动。

齐、燕大军上万之众，也是一筹莫展，难越雷池一步。

更为恶毒的是，山戎在濡水河上游筑坝断流，以切断齐、燕联军的水源。

伏龙山方圆数十里，没有山泉，也没有水井，当地百姓长年累月全靠汲取濡水河的水饮用。水源一断，齐、燕大军顿时军心骚动，惶惶不安。

密卢知道齐、燕联军水源已断，便令戎兵在黄台山山头泼水取乐，白花花的水在空中闪亮，被阳光照耀着现出道道七色彩虹，煞是壮丽。他们这一快活不打紧，却引得齐军更觉口干舌燥，一个个头晕眼花，浑身疲惫无力。

齐桓公眼见大军被困，愁绪满怀，召来管仲商讨如何解困。

一见管仲，齐桓公就愁容满面地问道：“大军被阻，情势如何？”

管仲坦率地回答：“必须设法尽快越过黄台山这道屏障，否则两日之内得不到水源，大军只能束手待毙。”

“那下一步如何行动，仲父可有良策？”

“回禀大王，臣对此也正大伤脑筋呢。这不是在中原，更不是在齐国，对于地形地势，对方兵力虚实，及至军队的士气，统军将领的作战特点容易摸得清，可以做到知彼知己，百战不殆。这是在生疏、荒僻的崇山峻岭，蛮夷之地，可谓处处陷阱，步步荆棘。不瞒大王说，眼下无论是如何越过黄台山，还是如何获得水源，臣均无良策。”

齐桓公一听连足智多谋的管仲都束手无策，顿生退意，迟疑着问：“仲父有否考虑暂时退兵?”

“没有考虑。也绝不能退兵!”管仲断然道。

“为何?”齐桓公的问话底气不足。

管仲神色严肃地道：“大王也知道，这不是一次平常的争战，失败了可以卷土重来。讨伐山戎的成败，将直接关系到兴霸大业的兴衰，因为‘攘夷’是大王为兴霸打出的一面大旗。如果大王亲率这支驰骋中原的大军讨伐小小的山戎铩羽而归，凄凄惶惶地回到中原，对周王天子和中原诸侯作何交代！大王还有何颜面称霸于天下！”

齐桓公忧虑地道：“寡人也知道仲父说得对。可进又进不得，退又退不得，如之奈何!”

管仲豪气地道：“有矛就有盾，只要功夫到了，任何难事都有解脱之法。大王尽可放心！两日之内，臣必想出解困妙策!”

齐桓公稍感欣慰，轻声道：“那就拜托爱卿啦!”

事关成败，管仲不敢有丝毫轻忽。离开齐桓公后，立即找来虎儿斑，问道：“你这位小头领在这儿土生土长，可知这黄台山能否绕道或攀缘过去?”

虎儿斑回答道：“在下离此地很远，未曾试过。但尝听老人说过，此处和黄台山虽相距咫尺，但如绕道过去，必须攀过山高谷深的芝麻岭，大军最快也要数日方能到达。而且必须要有向导，否则，一旦迷路，大军就再也绕不出来了。当年有一支燕军就是在黄台山迷了路而全部葬身谷底。”

“嗯。”管仲面无表情地点点头，“你或你的部下，可有人能做向导?”

“没有，”虎儿斑摇摇头，“在下已经询问过了，无人识得此路。”

“好。你去吧。”管仲对虎儿斑道，“和你的士卒就地寻找水源。”

“是!”虎儿斑答应一声，匆匆离去。

管仲仍一筹莫展，看看太阳西斜，天色尚早，便带上隰朋和几名随从由侧旁潜入黄台山，欲探查出一条新路。

山上树木茂密，荆棘丛生，每走一步都很艰难，人马兵车又哪里过得去！寻觅半天，几个人的衣物都被荆棘撕扯得稀烂，却连个道路的影儿也没有找到。这时太阳已经落山，黄台山上变得一片昏黑，山风一吹，呜嗷呼啸，令人不寒而栗。隰朋小声道：“仲父，看来无望啦，可不要迷了路呀。”

这时，他们发现一个当地农民，那人见大军至此，胆战心惊。经过沟通，才知他是燕人，被山戎掳掠至此已有数年，他答应给齐军带路。

这时，大军还面临一个严重问题，缺水。此地异常干旱，掘地三尺也不见一点湿土，更别说有什么江河湖泊了。

管仲看着隰朋，叹道：“向导有了，眼下只有水才是当务之急啊!”

“是啊。”隰朋点点头，“没有水，大军将寸步难行!”

管仲略一沉吟，道：“这事恐只有将军才能胜任，明晨，你率部分士卒，带上礼物，到当地百姓中探问水源。同时，传出悬赏令，命士卒凿山取水，寻到水源者重赏百金。”

“是!”隰朋郑重回答，“在下一定设法找到水源!”

“那就拜托将军啦!”

翌日晨，士卒们为了重赏，更为了存活，忍着焦渴开始四处凿山。

顿时，“咚、咚、咚”的凿石声响彻山谷。

管仲站在高埠，遥望凿山的士卒，脸上不动声色，但心中却是火烧火燎。到了中午时分，各路不时有消息传来，凿山取水一无所获。管仲的脸色变得更加凝重了。

傍晚时分，隰朋带回一个白须老者。老者看到满山遍野的士卒正在凿洞取水，轻轻摇了摇头，不以为然地一笑。

管仲早已看在眼中，当即向老者躬身施礼，恭恭敬敬地道：“大军饮水将尽，眼看就要渴死，您老人家可否教我取水之法？晚辈感激不尽!”

老者见管仲把实情相告，又有礼节，顿生好感，捋着花白的胡须道：“蚂蚁虽小，却依水筑巢，寻找有蚁穴之处挖掘，自然可以得水。”

管仲惑道：“在下也知道蚂蚁知水之说，可凿山一天，竟是没能找出一个蚁穴。难道这偌大一个伏龙山竟是没有蚂蚁，也没有水源?”

老者拈须微微一笑，道：“将军只知其一，不知其二。蚂蚁冬日为了取暖，在阳坡挖穴；夏日为获阴凉，在阴坡筑巢。现在虽是春暖花开季节，但蚂蚁仍喜日光，尚未搬迁。现将军在阴坡扎寨凿山，便是把大山凿穿，恐怕也见不到一个水星儿啊!”

管仲恍然大悟，连声道谢，忙令士卒转过坡去寻找。果然寻得蚁穴数个，深深凿下去，泉水喷涌而出，味道清冽甘甜。大军顿时欢呼雀跃，士气大振。

管仲感叹不已，便带着老者来见桓公。

齐桓公听说依着老者的方法找到了泉水，大悦，看着那老者，由衷地赞道：“老伯真是圣人啊!”

齐桓公命人重赏老者，老者却不肯受赏，道：“小老汉只想恳求大王一件事，如能答应，小老汉感谢不尽，胜过受赏百倍、千倍!”

齐桓公道：“老伯请说，寡人无有不允。”

老者道：“密卢一伙人作恶多端，死不足惜，只恳求大王攻进部落后，只除首恶，不要伤害无辜。”

齐桓公满口应允，故意说道：“寡人本欲荡平山戎部落，杀个鸡犬不留。今日看在老伯的金面上，不伤及一个无辜就是了。”

老者谢过，告辞而去。

齐桓公一时高兴，赐名山泉为“圣泉”；赐名伏龙山为“龙泉山”。

密卢派人打探齐军是否受到水困退走，得到的却是齐军水源充足的消息，不由得大惊失色，连呼：“齐兵莫非真有神助!”

密卢虽然心惊胆战，但从他的部落到此地，只有黄台山这一道险要去处了，此关一旦被攻破，便门户洞开，他的戎兵就只有被齐军任意宰割的份了。所以他别无良策，只能固守黄台山，等待齐军粮草不济，自行退军。

解决了向导和水源，管仲心中大感快慰，便从容设谋。

他命宾胥无率一支人马，回葵兹搬取粮草；命隰朋率领一支人马由那个当地人带路，从芝麻岭翻山绕路直插戎夷侧后，并约定以六日为期，到第七日晨，听到擂鼓声杀出，夹攻戎夷；命王子成父率领一支人马轮番佯攻黄台山，以迷惑和疲怠密卢之兵；又命虎儿斑率领麾下五百士卒，每人准备一囊，囊中装满沙土，以做备用。

转瞬间第六日到了。夜间，正巧西北风大起，直刮得飞沙走石，山呼林啸。管仲望天祝祷：“真乃天助我也!”

他命虎儿斑的五百士卒三更造饭，五更出发，背着沙囊悄悄潜到

谷口前面，将陷坑填平。再挑选两千精兵随后进发，埋伏在谷外的树林中。

第七日凌晨，大风渐歇，管仲命擂起战鼓。

“咚、咚、咚——”

齐营中顿时鼓声大作，喊杀声震天动地。

山戎兵的美梦被惊醒，密卢听说齐军已攻杀进谷口，登时惊慌失措，马不及备鞍，人不及披甲，睡眼惺忪，率兵仓皇应战，仗着地形熟悉，山戎兵马渐渐又占住有利地势。但立脚未稳，就听背后喊杀声起，一支齐军仿佛自天而降，从侧后冲杀过来。密卢心胆俱裂，顿足长叹：“老天啊老天，何以助齐兵，而亡我密卢！”

密卢见退路已被截断，知道再也回不到自己的老巢，遂不敢恋战，与速买拼命杀开一条血路，率残军投奔孤竹国搬救兵去了。

这一战，密卢的山戎兵折损十之七八。

齐军大获全胜，缴获大批马匹、器杖、帐幕和牛羊。在密卢、速买的老巢，更解救出燕国女子和被奴役的男丁不可胜数。

齐桓公、燕庄公率众来到山戎部落，齐桓公颁下严令：不许抢掠袭扰普通百姓；不准杀戮山戎降兵！违令者斩！

此举既表现了齐、燕联军为仁义之师，又报答了山戎老者解齐军水困的恩德。

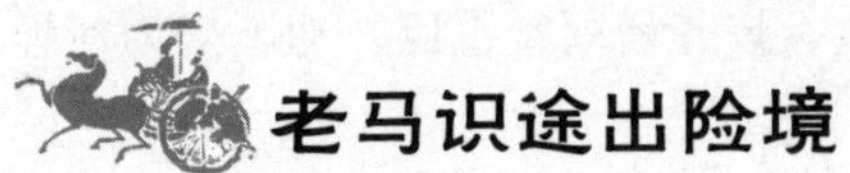

老马识途出险境

齐桓公、管仲从山戎降兵口中获悉密卢率残兵投奔孤竹国去了。君臣二人商量，既然孤竹、令支两国助纣为虐，索性扫平两国，以绝后患。并决定齐军在山戎部落休兵三日，补充粮草、兵器，而后先征孤竹、后平令支。

这里我们要介绍一点。孤竹人原为商先族旁支墨胎氏氏族，商部落迁回南下中原时，逐渐与部落联盟分离，开始独立生存。疆域在今天的滦河流域，辽宁锦西、河北迁安一带。

孤竹国是这一带的大国，早在商朝时就建立了城郭。周武王时的名臣伯夷、叔齐，便是孤竹国人。齐桓公率齐、燕大军浩浩荡荡地向孤竹国进发。一路上高山峻岭，怪石嶙峋，树林茂密，荆棘丛生。齐军攀山越岭，移动缓慢，宛若蜗牛爬行一般。从山戎部落向东南方向行一百余里，整整走了两天，方进入孤竹国的地方。

齐军渡过卑耳大河后，到了一座山下安营扎寨。

齐桓公、燕庄公及管仲、隰朋、王子成父、仲孙湫、宾胥无等一干人众和几十名随从上得山来。

齐桓公见山上林木葱茏，花草遍野，环境十分幽静，不由得赞道："好个修身养性的好去处!"

管仲道："此山唤作双子山。"

齐桓公问："双子有何寓意？"

管仲道："这里就是埋葬伯夷、叔齐遗骨的地方。"

齐桓公惑问："寡人知道伯夷、叔齐是周室重臣，却不知为何埋在此处？"

管仲道："大王有所不知，这伯夷、叔齐正是商末孤竹国国君的长子和次子，孤竹君偏爱次子叔齐，将君位传与叔齐。孤竹君死后，叔齐让位给伯夷，伯夷虽心中苦涩，可既有先君遗命，岂能违背！叔齐让之再三，伯夷坚不肯受。为逃避此事，伯夷便弃国而走，投奔周室。叔齐听说兄长外走，觉得对不起兄长，无心为君，便也抛却君位，随之投奔周室，与伯夷同为周臣。后来周武王讨伐残暴的商纣王，他兄弟二人极力反对。武王灭商后，二人更逃避到首阳山，不食周粟而亡。后来，孤竹人念二人忠义，将其遗骨迁移至此。由此称此山为双子山。"

"是吗？"齐桓公诧道，"没有想到，这深山老林的蛮夷之中还有这等事？虽然有点儿愚忠，不值得仿效，但终归算两个人物啊，看来寡人得对孤竹刮目相看啦！"

燕庄公道："既然到了此山，君侯何不前往拜祭一番，也可求得两位先贤的庇佑。"

齐桓公笑道："两位先贤若是在天有灵，恐怕也得先庇佑他们的孤竹子孙吧。"说得大伙儿都笑起来。

君臣一行数人边说边来到了伯夷、叔齐二贤人的墓前，轮番拜祭。

正在这里，突然战鼓齐鸣，周围响起了一片喊杀之声。

众人大惊失色。

隰朋、王子成父、仲孙湫、宾胥无并众随从赶紧拔出随身携带的兵刃，护住了齐桓公、燕庄公和管仲。

燕庄公神色慌张地看了一眼管仲，沮丧地道：“唉！到底还是中了孤竹人的奸计！我等性命休矣！”

这时，孤竹军已经包抄过来，大声叫喊着“不准犯我孤竹！”“活捉齐、燕二君！”边喊边放箭。如果此时孤竹军掩杀过来，齐桓公等十数人只有束手就缚，成为孤竹人的阶下之囚。但奇怪的事情发生了，双方相距如此之近，那箭如飞蝗般飞来，却在离着齐桓公等一干人前面约一丈远的地方纷纷落地。

管仲便知其中必有蹊跷，急命隰朋等保着二位君侯火速下山。

孤竹军也不追赶，只是摇旗呐喊一阵，便远远地去了。

这时山下大营中的齐军听到呐喊声，已赶来护驾。齐桓公等已跑得浑身大汗淋漓，见白白捡了一条性命回来，皆抚额庆幸。

齐桓公摸摸自己的脖子，戏道：“这颗头颅还长在颈项上吗？”接着对管仲哈哈一笑道：“这便是仲父所说的化干戈为玉帛吗？”

管仲却丝毫没有难为情的表情，沉思着道：“据臣所知，孤竹军个个骁勇善战，若真要围杀我等，我等早已成了刀下之鬼，岂能如此便宜！看来孤竹军此番行动，似有示警之意。”

齐桓公惑问：“为何要示警？”

管仲摇头道：“臣也不知何意，只能走一步看一步啦！”

齐桓公等回到齐营，立即布置攻城。

翌日晨，齐国大军将旌旗招展的孤竹城四面包围，开始攻城。这时更奇怪的事情发生了，孤竹城竟是一座空城，齐军不费吹灰之力，就打开城门，浩浩荡荡地开进城来。

在城里，他们发现一个受伤的人，在地上呻吟，便把他带到齐桓公和管仲面前。

那人自称是孤竹国大将魁豹，因不忍看到孤竹国生灵涂炭，力劝国君与齐、燕修好，而受到责骂。北戎大将密卢和速买在旁极力撺掇孤竹国君，侮辱魁豹。他一时性起，挥剑杀了密卢和速买。却惹恼了国君，被重重鞭笞，直到昏死过去。醒来才发现，城已空了，齐燕大军已到眼前。说罢，他拜伏在地，放声大哭。

齐桓公等人莫辨真假，一时不知如何是好。

那人又说，他知道国君有一座行宫，想必国君正躲在那里。他愿意带大军前往行宫，只求保全他国君的性命。听他拳拳之意，倒也不像假的。

管仲说，且让他带路，我们大军严加防范，料想不会有差。

齐军凌晨出发，向东北方向追赶了一天，却越走越是荒凉，没有人烟，渐渐连鸟兽也不见了。眼看天色昏黑下来，只有茫茫的一片黄沙，哪里有什么行宫的影子！大军奔波一天，已是人困马乏，再也走不动了。

齐桓公想在此安营扎寨，却发现由于匆忙赶路，已进到了一片沙漠里。眼前天地一色，黄沙弥漫，已无法辨别方向，连个打桩拴绳支帐幕的地方也没有。这时又刮起了大风，风卷着黄沙呜嗷呼啸，令人毛骨悚然。

齐桓公被风沙吹打得晕头转向，忙问管仲到了什么地方。却见管仲正呆呆地凝望远方，似乎没听见他的问话。再让人去找魁豹，早就没有影儿了。

众人顿足道："大事不妙，中了魁豹的苦肉计啦！"

管仲懊悔地说：“看到这滚滚黄沙，我才猛然记起，孤竹东北方有一个地方叫‘旱海’，方圆数千里净是大漠黄沙。我们分明是陷入了‘旱海’之中！”

这时，天色完全黑了下来，风越来越大，天气也越来越冷，士卒们又饥又渴又冷，有的已坚持不住，瑟瑟地倒下，顷刻间就要被沙子掩埋，士卒们只好你拉我扯，互相搀扶，抵挡着风沙。

齐桓公哪里受得了这般苦楚，深夜之时终于倒了下来，昏迷不醒。

管仲见齐桓公倒下，更加焦虑不安了，他虽然嗓子似冒火一般，但还是把自己仅存的一点儿水保留了下来，不时地喂给桓公喝。

管仲正在走投无路之时，突然，有一匹老马“咴咴”地嘶鸣几声，晃晃欲倒，但它蹬达几下蹄子，支撑着身子缓慢地调转方向，方颓然倒地，眼睛却还在贪婪地瞪视着前方。

它发出的“咴咴”声渐渐衰弱，变成了哀鸣，在呜嗷怪叫的风中尤显凄厉。挣扎了一会儿，它头一歪，四蹄一蹬，一命呜呼。

管仲凝视着倒下的老马，突然想起一事，情不自禁地大叫一声：“有办法啦！有办法啦！”

齐桓公在昏迷中听到管仲的喊声，清醒过来，喃喃地问道：“仲父有、有何办法？快、快——”

管仲兴奋地道：“大王，臣记起来了，有书中记载：狗能记住三千里的路；猫能记住八千里的路；马更通灵，必具有记路的本领。军中有许多马是扫平山戎时补充进来的，又有无终国虎儿斑将军带来的马，都该熟悉这一带的道路。”

齐桓公一听，一下子清醒了许多。管仲赶忙又喂了他一口水，他方沙哑着嗓子小声问道：“果真如此？那就太好啦！请仲父赶快

一试！”

这时，管仲同样又是饥渴又是疲惫，眼看就要支撑不住了。但他知道自己是齐桓公的“智囊”，更是全军的“灵魂”。在此千钧一发之际，别说倒下，只要稍稍露出惊恐之色，便会引起慌乱。在这茫茫荒漠之中，军心一失，大军顷刻间就会土崩瓦解。到那时，即使神仙到此，也是无能为力了。于是，他咬紧牙关坚持着，脸上始终带着平静的神色。

其实管仲只隐约记的古书上曾有动物善记道路的记载，想到马的灵性更胜过猫狗，且从那匹老马倒地而亡前的动作、神态看，分明是挣扎着转向来路的方向，目光中更是充满着求生的欲望。这才使他猛然得到启示，让老马引大军走出沙漠。是否能成功，他心中却也无数。但眼看再过几个时辰，大军将困死大漠，无一幸免，别无良策，只有抓住这根稻草了。

正所谓“谋事在人，成事在天”。事已至此，管仲也只有听天由命了。

事不宜迟，管仲立即让隰朋、仲孙湫从齐国带来的马匹中挑选出几匹，又让虎儿斑从无终国和俘获山戎的马匹中挑选几匹，共十几匹老马。管仲命给老马卸去笼头，解开缰绳，放它们自由行走。

这些老马本来已困乏得垂头弓腰，已无力行走。突然获得自由，立时振作起来，仰起头“咴咴”嘶鸣几声，开始或左，或右，或前，或后，胡乱地转着圈子，渐渐地十几匹老马都朝向一个方向，迎着狂风飞沙，扬起了老蹄。

全军将士仿佛看到了救星，顿时齐声欢呼起来。

管仲命大军出发。士卒们紧紧跟在老马的后面，你搀着我，我扶着你，迈动着沉重的步子，再也不敢拉开寸步。此时此刻，哪怕这些老马将他们带进黄泉也心甘情愿了。

数千大军的生命，齐国的强盛，齐桓公的霸业，管仲的英名，乃至燕国今后的安宁等诸般一切，犹如一根蛛丝，全都拴系于这十几匹老马身上了。

月黑天高，阴风森森。在黄沙弥漫的大漠之中，一队队的黑影，稀稀落落地向前移动，时而发出马嘶声和人的呻吟声，声声色色，倒也十分悲壮。

老马果然不负众望，齐军约从午夜时分出发，到五更天时，东方渐渐放亮，风息沙平，依稀可见路旁有了稀疏的荒草和灌木丛。

士卒看到了希望，脚步越发加快。再往前行不多远，逐渐可见到树木越来越多，更可听到野兽呼唤、鸟雀啼鸣了。大军终于看到一片山湖，湖水碧波荡漾，清澈透明。士卒齐声欢呼着奔向湖水，管仲这才如释重负，长长地嘘了一口气。

从此“老马识途”的美谈，流传千古。

最终，大军找到了孤竹国贵族们的藏身之处。国君妫伯和魁豹见齐桓公他们竟然能走出旱海，叹服不已，认为他们必有神助。他们表示，孤竹本来就是商族旧邦，愿与中原霸主齐国结盟。

当天，大军回到孤竹的都城。齐桓公将孤竹君引见给燕庄公，燕庄公听了事情的经过，也是感叹不已。

当晚，孤竹君大摆酒筵，招待齐国君臣。席间欢声笑语，甚是融洽。

席间，众将纷纷向齐桓公举酒祝贺，孤竹君臣更是赞颂不绝。齐桓公被恭维得飘飘然，如入云间。燕庄公虽然觉得有些面上无光，但

齐军终归帮助燕国平定夷戎，也是感激不尽。

管仲虽在饮酒，但仍在思索着如何征服冷支。他举起酒盅向孤竹君敬酒道："大王大勇、大义、大智，使百姓免除刀兵之灾，并从此与燕、齐修好，永为睦邻，臣不胜钦佩。但不知大王与冷支君交情如何，可否修书一封，并派能言善辩之士前往冷支，劝导冷支君仿效大王您，化干戈为玉帛，与燕、齐修好，以免杀伐之后再遗留后患，亦不失为一桩美事。不知大王意下如何？"

齐桓公、燕庄公一听管仲的话，期待的目光一齐瞅向孤竹君。

孤竹君却苦着脸摇头道："不瞒两位大王并相国，在齐军到达孤竹之前，我便与冷支君通过多次书信、使臣来往，力劝冷支君不要受山戎密卢、速买的蛊惑和挑拨，与齐、燕讲和，永修睦邻。但冷支君十分狂傲无理，大骂本公软骨头，并将书简投入火中焚烧，把孤竹使臣的耳朵割去，扬言从此与孤竹绝交。所以，这事要让管相国失望了。"

管仲听了，一时默言不语。

齐桓公听了却火冒三丈，慨然道："在寡人的眼里，冷支国已如秋末枯草，如再敢与齐、燕大军相抗衡，无异于灯蛾扑火，自取灭亡。既然冷支昏君如此不识抬举，就休怪我不义了。大军休整三日，乘士气正盛，一举荡平冷支！"

燕庄公闻言大喜，慌忙离席，向桓公及众将敬酒致谢。在入席之时，他最害怕齐桓公口中吐出"撤军"二字。他心中明白，齐军连日征战，伤亡很大，亦很疲劳。但总算苍天不负，灭山戎，服孤竹，为燕国平息了两处祸患。此时，齐桓公如言退兵，他难以出口挽留。虽留下冷支一国，却是生力军，又有山戎部分残余逃到冷支，如斩草不除根，来春必又复生。等其养精蓄锐，羽毛丰满之后，冷支、山戎卷土重来，燕国又将重蹈覆辙。今日亲耳听到齐桓公答应乘胜征讨冷支，众将也摩拳擦掌，纷纷响应，自然心中欣喜。他以期待的目光注视着管仲，只要管仲说一个“是”字，燕国从此就可以高枕无忧了。

管仲听着齐桓公慷慨陈词，却坐在那里一言不发，等酒宴上喧哗声渐息，他才面无表情地道：“我国大王应燕国之请，亲率大军长途跋涉来到北地，伐戎助燕。人不解甲，马不离鞍，攀险山，涉恶水，扫平山戎，又与孤竹结盟，现今只剩下冷支孤掌难鸣，料难成就气候，凭燕国大军之威，小小冷支已不足为虑。中原多事之秋，我家大王离国时日已久，该是齐军撤离北地回中原的时候了。”

管仲的一番话，不亚于晴天霹雳，本来欢声笑语的筵席顿时变得鸦雀无声，只有粗浑的喘息声和投向管仲的数十道惊讶而又困惑的目光。

燕庄公正在欣喜之际，猛听管仲此言，仿佛头上被猛击一闷棍。他和齐桓公一起相处数十日，已清楚地看出，管仲是齐军中举足轻重的人物，称得上是齐桓公的“魂魄”。他如主张退军，齐军十之八九是难以留下了，他的一颗刚刚热起来的心，又渐渐变得冰冷。但管仲所言入情入理，挽留之语实是难以启齿，于是瞅着齐桓公，一时默默无语。

齐桓公也万万没有料到管仲会突然说出如此惊人的话语。对于管仲，齐桓公心中最是雪亮。当初，极力促成北伐山戎，救助燕国之举的是他管仲；自始至终主张斩草除根，以绝后患的，也是他管仲。此时离大获成功只有一步之遥，而管仲却突然一改初衷，提出要半途而废。

齐桓公如坠雾中，怔怔地望着管仲，半晌方讷讷地吐出六个字来：“仲父莫非戏言？”

“绝非戏言！”管仲面无表情地道，“大王请只管饮酒，此事再议不迟。”说罢，又转脸看着燕庄公，略带歉意地道：“齐军退兵之举，实是迫于无奈，大王日后便会明白管仲的苦衷了。此事还望大王见谅。”

燕庄公面带苦笑，唯唯应答。

酒筵不欢而散。

管仲奇谋平冷支

第二天，齐桓公接到一个惊人的消息：齐国发生内乱！

顿时，这一消息不胫而走，沸沸扬扬地传遍了齐营、燕营和孤竹城的大街小巷。齐军人心惶惶，思归心切。

救乱如救火，齐桓公再也无心恋战，也顾不上助燕国讨伐冷支了。安抚了一下孤竹君臣，而后率领齐国大军仓皇撤离孤竹城，日夜兼程，过双子山，渡卑耳河，经山戎部落，出葵兹谷口，回到燕地。顾不上进燕国都城，就地稍事休整，便分兵数路，向南开拔。

燕庄公也率领燕国疲劳之师，悄悄地返回都城蓟。

征战厮杀，喧闹了数十日的北方战场，顿时沉寂了下来。

但这沉寂只保持了两日，便风波再起。突然有大队冷支铁骑在山戎残兵的引导下旋风般的出了葵兹谷口，一进入燕土便开始烧杀抢掠，气势汹汹，直逼燕国都城蓟。

燕国人的劫难又开始了！

原来，当初冷支国国君见山戎部分残兵来投，方知山戎已全军覆灭。他对此不屑一顾，答应出兵为山戎报仇雪恨。但还没来得及出兵，又闻孤竹国与齐、燕结盟，大怒，口吐狂言道："吾不将齐军杀个片甲不留，誓不为人！"

他知道齐军下一个要讨伐的必是冷支国了，于是一边派人到孤竹国打探消息，一边调兵遣将，在所有的险要关口设下重兵布防，严阵以待，只等齐军自投罗网。

冷支君正密切注视齐军动向，忽有探子来报，齐国发生内乱，齐桓公被迫率大军草草撤离孤竹城，返回齐国去了。冷支君一听大喜过望道："真乃天助我也！"

冷支君稍一停顿，又狂妄地道："本公一直想与齐军一较高低，看看齐桓公这个中原盟主是不是三头六臂！可惜，齐军撤走了，这实是本公的一大憾事。齐军既撤，只有拿燕国出气啦！"

冷支君当即命各要道、隘口设防的人马全数撤回。而后，倾巢出动，率领八千骑兵，风驰电掣般杀奔燕国。

冷支铁骑出了葵兹谷口，果然见到一片清寂，只有齐军留下的破残营寨和锅灶。冷支君环顾左右，哈哈狂笑道："为密卢君报仇的时刻到了。"

冷支君当即下令：见人即杀！见物即抢！

此令一下，数千铁骑顿时变成一群强盗，呼啸着冲进燕地，开始

了劫掠和杀人。

冷支铁骑片刻工夫，已深入燕境三十余里，来到一座山下，已是中午时分，冷支君下令稍事歇息。骑兵已跑得累了，一听命令，纷纷下马，横七竖八地躺了一地。有的在饮水，有的在查点战利品，显得一片凌乱。

突然间，周围鼓角齐鸣。接着，伏兵四起。齐国大军犹如自天而降，呼啸着掩杀过来。燕国军队也乘机杀回。数路大军将毫无戒备的冷支军和山戎残兵围在核心，刀砍斧剁，犹如砍瓜切菜一般。冷支军和山戎残兵登时大乱，来不及上马，只恨爹娘少生了两只脚，四窜奔逃。

冷支君由几名大将护着，杀出一条血路，逃到一荒僻之处。冷支君环顾左右，见八千铁兵已所剩无几，不由得仰天大恸。这时齐、燕追兵已渐渐逼近，冷支君再不敢在燕地久留，率领残军败将，向着来路方向逃窜。

眼看到了葵兹谷口，后面追兵已远。冷支君惊恐的心才稍稍安定下来。只要过了此谷，就是自己的天下了。冷支残兵逃命心切，纷纷夺路进谷。

突然，谷口两边旌旗招展，齐国大将鲍叔威风凛凛地站在旗下，山头上乌压压排满了齐兵，擂鼓高呼：“冷支昏君速速下马投降！否则死无葬身之地！”

冷支君见断了退路，正仓皇无计之时，背后齐、燕大军在王子成父率领下又尾随而至，将冷支残军团团包围。

冷支君眼见大势已去，知道今日绝难生还，突然豪气大发，环顾左右道：“诸位且看，齐兵能奈我何！”说罢，将坐下马一拍，呼喊着单人独骑冲进齐阵，将手中开山大斧，舞得如风车一般。齐兵被他的神勇一时惊得呆住了，纷纷退避，竟被他连连劈死劈伤数人。待齐兵清醒过来，又呼啦啦拥上来时，冷支君已满身鲜血，拍马跃回阵中，仰天大喊数声，拔剑自刎而亡。冷支残兵见国君一死，纷纷下马投降。

齐桓公钦佩冷支君神勇，令冷支降兵将其厚葬。

这便是管仲设下的连环大计。

原来，在荡平山戎之后，管仲一边谋划攻打孤竹，一边派人秘密潜入冷支国打探消息。知道了冷支君臣欲凭借险要地势，与齐军决一死战，防范甚严，便以为冷支只可智取，不可力战。否则齐军即使取胜，也必伤亡惨重，得不偿失。从那时起，管仲就开始谋划智取冷支之策，于是想出了这一套连环之计。

为了做到以假乱真，在收服孤竹国后的庆功筵上，故作撤军姿态。接着，假传谣言，说齐国发生内乱，仓促撤军。而管仲已打探清楚，冷支君刚愎自用，好大喜功。料定这样的人听到齐军已撤，必定坐立不宁，迫不及待向燕国报复。那时，管仲便可大施手段，一举荡平冷支。

齐军按管仲之计，始终摆出一副仓仓皇皇的样子，到了燕地，即分兵数路，白日南行，夜晚又在夜色遮蔽下掉转回头，绕个大圈子到预定地点埋伏。又命鲍叔在葵兹谷口两边树林中潜伏，只等冷支铁骑一过，即封锁谷口。

管仲严令埋伏的军队不准大声喧哗，不准随意走动，不准狩猎，不准生火造饭，只以干粮充饥，以免走漏风声，暴露行踪。只要冷支铁骑一通过葵兹谷口，即成为瓮中之鳖，插翅难飞，只有任凭宰割了。

管仲奇谋，连齐桓公、燕庄公等都料想不到，冷支君又如何识得透？冷支君果然中计，迫不及待地倾巢而出。结果，白白送了自家性命不说，也葬送了八千铁骑，国家遂亡。

齐桓公慷慨赠土地

冷支国灭亡了，燕国北部、东部的祸患也全部平息了。

燕庄公见祸患已除，松了一口气，感激之余，再三邀请齐桓公率齐军回到燕国都城，好好尽一下地主之情，以答谢齐桓公救危之恩。但齐桓公离开齐国已数月之久，归国心切，便婉言谢绝，燕庄公甚不过意。

齐桓公大赏三军，命大军在葵兹谷外安营扎寨，就地安歇，对受伤生病的士卒加紧疗伤治病，三日后班师回国。

燕庄公无法，只好命燕军就地向百姓买得数百头牛羊，尽数宰杀，以款待齐军。

这次北征，由于管仲的奇谋，齐国兵将损伤极微，但收获颇丰。夺得了大片土地，缴获了大批牛羊牲畜和奇珍异宝。在归国之际，齐桓公与管仲商讨如何处置这些土地和财物。桓公问："仲父以为，冷支、山戎两地疆土，该如何处置才好？"

管仲对此早有思索，对桓公道："遂国覆辙，不可重蹈。"

管仲指的是当年齐国占领了小国遂国后，尽派齐国戍卒守卫该国，

后来戍卒全部被遂人杀死的事件。

齐桓公何等精明！当即会意，并与管仲商定了处置方法。

这时，虎儿斑前来辞行。齐桓公予虎儿斑及其部下以厚赏，并将夺得的山戎土地五十余里尽数拨归无终，由无终首领统一管辖山戎部落，以答谢无终首领的慷慨助战。虎儿斑大喜，满载而归。

齐桓公又置酒款待燕庄公。席间，齐桓公对燕庄公道："赖天相助，托君之福，总算平定了山戎和冷支，又与孤竹结盟，燕国从此当可无外患之忧，寡人也可安居中原啦！所得冷支二百里土地，全部归属燕国，由君侯来整顿治理吧。"

燕庄公诚惶诚恐，连连摇头道："燕国屡屡惨遭戎夷蹂躏，正是凭借大王的威严，管相国的谋略，齐国众将士的神勇，才得以保全燕国社稷和边塞的安宁，寡人已心满意足，感激不尽，绝不敢再有丝毫奢望。齐国大军远征千里，拼命厮杀夺取来的土地，自当归于齐国。大王可留下一支齐兵戍守，燕国定当鼎力相助，决无二心。"

齐桓公已受过管仲点拨，遂国惨事亦记忆犹新，遂国靠近齐国，尚且无力顾及，更何况千里之外的北地？此事正该做个顺水人情。想到这里，便恳切说道："大王不必推辞。北部边陲，是兵家要地。戎患消除之后，以大王的贤德才能，燕国必然大治。北地有强盛的燕国作为屏障，寡人在中原亦是解除了后顾之忧，这岂不是一件天大的美事！更何况，齐国、燕国本就亲如手足，此次共同讨伐山戎，更是亲上加亲，寡人又何必舍近求远？大王只管收下好啦。"

燕庄公见齐桓公一片诚心，只好拜谢领受。

齐桓公班师回国，燕庄公为齐桓公送行。二君经数十日联手平夷，已引为知己，一路上推心置腹，谈论国事、天下事，越谈越是投机。

路也是送了一程又一程，不知不觉已进入齐国国土纵深五十多里。

管仲对燕庄公道：“送君千里，终有一别。大王就此留步吧。”

燕庄公方才恋恋不舍地挥泪告别。

这时，齐桓公猛然记起周室延续下来的一项礼节，对燕庄公道：“古礼有约，国君相送，不能越境。”

燕庄公道：“您我情同手足，何必拘于古礼？”

齐桓公说：“寡人不才，忝为中原盟主，如率先破坏古礼，何以约束众家诸侯？”他一时拿不定主意，与管仲耳语一番后，方对燕庄公道：“就依仲父之见，把此地定为齐、燕的国境。大王走过的这五十里土地一并割让给燕国，就由大王您来治理吧。”

燕庄公苦苦推辞，无奈桓公执意而行，只好接受下来。为了答谢齐桓公，燕庄公命人在此地筑一小城，定名“燕留”，意指要将齐桓公的恩德永留燕国土地上。

自此，燕国东北方增土地五百余里，南部增加土地五十余里，成为北方疆土辽阔的大国。燕庄公又深受齐桓公、管仲的影响，勤修内政，富国强兵，国家日渐强盛。

齐军再向东南行进，已接近了鲁国边界。

齐桓公对管仲道：“果不出仲父所料，鲁侯口出大言，说要出兵相助寡人讨伐山戎，却哪里见到鲁国一兵一卒？寡人自以为与鲁侯交好，却偏偏是交好的人背信弃义，有负寡人，实是令人着恼。此番大军途经鲁国，寡人想乘机率师问罪，以示惩戒。且看鲁侯何以面对寡人？”

管仲摇头道：“不然。臣当初的用意并非为了今日与鲁国兵戈相见。大王千里迢迢北征戎夷，为何而来？不正是为了讨伐楚国时，免除后顾之忧吗？刚刚平定了山戎，却又和鲁国反目为仇，这岂不是舍近而求远吗？俗语说，远亲不如近邻。大王对远燕尚且那般宽容大度，对近鲁又何必太过苛求呢？”

齐桓公仍愤愤不平，道：“如仲父所言，难道寡人就这样甘心被戏弄不成？”

管仲微微一笑道：“正好相反，臣正要大王扬名天下呢！”

齐桓公道：“何以扬名天下？”

管仲道：“大王此次讨伐北方夷戎，获得珍奇珠宝无数，多是中原极为罕见之物。大王分出一半珠宝，送与鲁国，作为进献给周公庙的祭品，岂不是再好不过！”

齐桓公没想到管仲会出此下策，眉头一皱，冷哼一声道：“仲父何出此言？鲁侯背信弃义，有负于寡人，不加惩戒倒也罢了，反倒给予馈赠，天底下哪有这般道理！”

管仲道：“这便是臣常常提及的以德报怨之法。鲁侯本来有负于大王，大王非但不怪罪，反而另有厚赐。此举必使鲁侯羞愧交加，自此以后，臣保准鲁侯死心塌地尊奉大王为盟主；再者，这些珍奇珠宝虽然稀贵，却是身外之物，以身外之物，换取紧邻大国的诚心，岂不妙哉！”

齐桓公思考了一下，终于点头赞同管仲意见。

果然，在济水二君再次会面时，鲁庄公面带愧色，言谈举止十分拘谨，生怕惹恼了齐桓公。

但齐桓公的心结已为管仲所解，言谈举止很是坦然，非但没有丝毫责怪鲁庄公之意，反而送上一批珍奇珠宝。

鲁庄公原以为齐军此时气势正盛，以鲁背约为由，一鼓作气攻下

鲁国也并非难事，所以才小心行事。他做梦也没有想到会因祸得福，得此厚赐。乍然见到这一堆金光灿烂的宝物，他的眼睛都为之一亮。随即想到这是无功受禄，顿时又诚惶诚恐，感激涕零。

确如管仲所言，鲁庄公终归不是反复无常之君，为了赎罪感恩，次年（前 662 年）齐军伐莒时，鲁庄公下令征召全国男丁充军，连五尺童子也动员起来，援助齐军伐莒。这就是管仲对中原诸侯施以德政所结下的丰硕之果。

鲁庄公后来知悉，齐侯所以没有向鲁国兴师问罪，正是听了管仲的力劝，方才化干戈为玉帛。于是对管仲愈加感激和敬重，特意征召鲁国的能工巧匠，在管仲的私邑小毂建筑一座美轮美奂的小城，以表感激之情。

中原诸侯先是听说齐桓公仅率齐国之兵，就剿灭山戎，平定冷支，结盟孤竹，势如破竹，威震北方；夺得大片土地却不留寸土，尽数归于燕国；因燕侯入境，为循古礼，毅然割地；对鲁侯以德报怨……这一连的串壮举美谈，在诸侯中引起巨大震动。一些距离齐国较远，或尚与齐国存有嫌隙的诸侯，纷纷派遣使者向齐桓公表示修好结盟，齐国威望大增。

一百余年后，孔子谈到管仲劝齐桓公对鲁国以德报怨的事，还十分感慨地道：“人们说圣人能够转祸为福，以德报怨，说的正是管子所做的这种事情啊！”

燕国也一心一意地加入了与齐国的联盟。至此，整个中原诸侯联盟日渐强大，齐桓公的霸主地位也越来越牢固了。

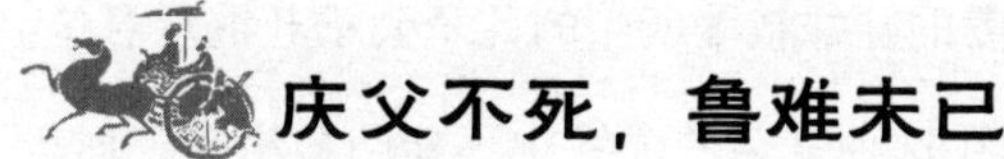

庆父不死，鲁难未已

正在齐国国势蒸蒸日上之际，鲁国却陷入了内乱之中，而且这场内乱与齐桓公之女哀姜有扯不清的干系。鲁庄公的弟弟庆父在鲁庄公死后，先后杀了两任鲁国国君，因而被称为“庆父之乱”。

鲁庄公作为鲁国的国君算是一个另类。鲁国是一个遵守和注重周礼的国家，而鲁庄公上任之后，并不按照礼制办事，打破了鲁国恪守周礼的传统，令国人大不信服。鲁庄公二十三年（前 671 年），齐国打破周礼而举行了祭神大典，鲁庄公听到消息后没有听从臣下曹刿的劝阻，不顾礼制跑去齐国观看大典。第二年，鲁庄公又去齐国，这次他是迎娶齐桓公的侄女哀姜。在这次婚礼的过程中，鲁庄公再次打破礼制，甚至将鲁桓公庙堂的柱子都涂成了红色，而按照周礼，庙堂前的柱子只能是黑色的。

在鲁庄公迎娶哀姜之前，他就碰见了孟任。孟任是党氏的女儿，鲁庄公在一次偶然的机会下见到了孟任，当即就被孟任的美貌所迷，于是孟任走到哪里，鲁庄公就跟到哪里。孟任回到家中，鲁庄公也跟到孟任家中，随后鲁庄公与孟任割臂为盟，答应孟任立她为夫人。鲁庄公和孟任有一个儿子，就是公子般。而鲁庄公从齐国迎娶来的哀姜并没有给鲁庄公生下儿子，可哀姜的妹妹叔姜却为鲁庄公生了一个儿

子公子开。鲁庄公因为宠信孟任便想让公子般继承王位，但是公子般不是嫡长子，不可立，因而鲁庄公迟迟未立太子。

哀姜不得鲁庄公宠信之后，就私通鲁庄公的弟弟庆父。由于庆父与哀姜私通，庆父便支持哀姜的妹妹叔姜所生的儿子公子开继承君位。鲁庄公与庆父之间的矛盾就在这种复杂的关系中不断凸显出来，而鲁庄公迟迟不立太子也是日后庆父之乱的重要原因。鲁庄公三十二年(前 662 年)，庄公突然感染重病，并且久治不愈。于是鲁庄公开始为王位的继承事宜担忧，他就请来他的弟弟前来商议。鲁庄公有三个弟弟，大弟是庆父，二弟是叔牙，小弟是季友。鲁庄公先请来二弟叔牙问谁来继承王位比较合适，叔牙就对鲁庄公说："庆父很有才能。"

随后，鲁庄公又召来小弟季友，问他支持谁继承王位。季友就说："臣愿意以死拥立公子般。"于是鲁庄公就告诉季友说："可是刚才叔牙说庆父很有才能。"季友听到鲁庄公这么说之后，就借用君命令叔牙到针巫氏家中等待处置。随后，季友又命人给叔牙送去毒酒，逼其自尽。叔牙怕自己的后代受到牵连而被赶尽杀绝，在喝下毒酒后，往家中走，死在了逵泉。鲁庄公死后，季友就按照庄公的意思拥立公子般即位。公子般继承王位后，开始为庄公守灵。但是不到两个月的时间，庆父就派荦刺杀了公子般。

庆父之所以派荦去暗杀公子般是有缘由的，在鲁庄公去世的那一年，鲁庄公在大夫梁氏的庭院中进行祈雨演练，梁氏之女则在旁观看操演，而负责养马的荦看到梁氏之女后，借机调戏，被公子般发现。公子般看到荦不守规矩后十分恼怒，于是便把荦绑了起来，鞭打了一顿。鲁庄公对公子般说："不如杀了他，而不能鞭笞他。荦这个人十分有力气，能把门扇投到稷门的城墙之上。"但是公子般最终没有杀荦，而荦也因为被鞭笞一事对公子般怀恨在心。于是，在公子般继承王位之后，庆父就利用荦的这种心态和力大的本事策划了刺杀公子般一事，并获得成功。

在公子般被杀之后，季友害怕庆父对自己也下毒手，就逃到了陈国。庆父在杀了公子般之后，就拥立哀姜妹妹叔姜所生之子公子开即位，是为鲁闵公。鲁闵公元年（前 661 年）六月，鲁庄公的尸首才得以下葬，这是由于鲁国内乱的缘故，所以才使鲁庄公入葬推迟。同年八月，鲁闵公与齐桓公在落姑结盟，鲁闵公借此机会请求齐桓公帮助季友回国。齐桓公答应了鲁闵公的请求，于是派使者去陈国，鲁闵公则在郎（今山东曲阜东南）等候季友。在齐桓公的努力之下，季友才得以回到鲁国，齐桓公为鲁国的平稳安定做出了努力。

这年冬天，齐国大夫仲孙湫来到鲁国对鲁国遭到的祸难表示慰问，之后仲孙湫回国面见齐桓公，禀告了鲁国的情况。仲孙湫说："庆父不死，鲁国就会不得安宁。"齐桓公就问道："那要怎么除去庆父呢？"仲孙湫回答说："鲁国灾难不停，庆父只是在自寻死路，君王只要耐心等待就好了！"于是齐桓公又问："那现在可以攻伐鲁国吗？"仲孙湫则说："不行。鲁国秉承周礼，而周礼就是鲁国的根基。臣听说：'一个国家将要灭亡，其根基必先动摇，然后才是枝叶的颠覆'。鲁国并没有抛弃周礼，所以并不能撼动鲁国的根基。君王必须趁现在鲁国危难之机，亲近鲁国。亲近有礼的国家，依靠稳固的国家，离间不合的国家，倾覆昏乱的国家，这才是霸王之道啊！"

虽然齐桓公此时已经把齐国营造成一个春秋大国，自己也成为一代霸主，但是在对待鲁国这件事上齐桓公并没有狂傲自大，而是听取了仲孙湫的建议，在鲁国危难之机没有借机侵占鲁国。不得不说，这

是齐桓公所作出的又一巨大贡献，维护了尊崇周礼的鲁国，也就是维护了周朝的纲纪。

后来，果然不出仲孙湫所料，庆父再次引发鲁国动乱。鲁闵公二年（前660年）初，鲁闵公的老师强夺了卜齮田地，鲁闵公却没有管。于是这一年的八月二十四日，庆父就派卜齮在武闱偷袭鲁闵公，并将他刺死。庆父连续派人暗杀了两任鲁君，自知罪责难逃，于是逃离了鲁国，来到了莒国。随后，季友带着鲁闵公的弟弟从邾国回到鲁国即位，是为鲁僖公。鲁僖公即位之后，季友便贿赂莒国，让他们把庆父交还给鲁国。莒国同意了季友的请求，于是送庆父回鲁国，走到密（今山东费县北）时，庆父派公子鱼向季友请求宽恕，但季友不许，公子鱼便哭着回到密地。

庆父听到公子鱼的哭声之后，就知道了自己命运的终结，当即悬梁自尽。而与庆父私通的哀姜，本想要拥立庆父为鲁君。在庆父逃跑之后，哀姜由于知道庆父刺杀鲁闵公的内情，怕受到惩罚，便逃到了邾国。后来，齐桓公觉得哀姜是齐国的耻辱，就派人抓住了哀姜并在夷地杀了她，然后把她的尸体送回了鲁国。鲁僖公则安葬了她的尸首，鲁国的庆父之乱也就此完结。

卫懿公好鹤亡国

周朝以前，威胁中原的北方民族主要有山戎、猃狁、荤粥、土方、鬼方等，其中居于北方的称为狄，居于西方的称为戎。到了西周，鬼方和猃狁成为威胁中原的主要强敌，《诗经·小雅·采薇》中提道："靡室靡家，玁狁之故。不遑启用，玁狁之故。"

为了扫平强敌，解决戎狄的袭扰，历代周王曾多次派军前去征伐，虽然曾经多次大获全胜，但戎狄的实力却屡次死灰复燃。到了周幽王时期，犬戎强盛，王室倾颓，西周竟然灭于犬戎之手，以致周平王不得不东迁洛邑，重建周王朝。同时戎族也深入中原腹地，甘肃、陕西、山西、河南一带都有戎族分布，直到秦国兴起，经过历代秦公的开拓，到穆公时期秦霸西戎，这才解决了西戎对中原的威胁。

由于春秋时期周天子的权威衰颓，无力号召诸侯共同抵御戎狄，狄人变本加厉地入侵中原，他们的势力自山西、陕西一带一直向东深入到河北、河南、山东地区。并且趁着中原各国之间相互征伐的机会大肆南侵，对中原诸国造成了极大的威胁。正是在这种背景下，齐桓公才举起了周王室已经无力举起的"攘夷"大旗，以抗击戎狄为借口，得以九合诸侯，一匡天下。

河南北部淇水、卫河一带的卫国，在春秋初期是中原北部诸侯中

比较大的一国，都城就是原来商朝的都城朝歌。周惠王九年，卫惠公的儿子赤继位，称卫懿公。他在位九年，懈怠朝政，不恤百姓，只顾吃喝玩乐。在卫懿公所嗜好的名目中，他最为津津乐道的就是鸟类中的鹤了。

因为鹤颜色鲜亮洁白，鸣声清脆而又擅长舞蹈，卫懿公就特别喜爱鹤。因卫懿公对鹤情有独钟，凡是给他献鹤的人都有重赏，那些不务正业的人便千方百计地搜罗各种鹤，争着来到卫国宫廷给卫懿公献鹤。有时献鹤的人多了，得排成长队，有序进入宫廷。

卫国宫廷的园林里，到处喂养鹤，到处都是鹤的鸣叫声，大大小小的鹤不下千余只。

卫懿公按鹤们的品位把它们分成等级，依级别都有相应的待遇，品位最高的享受朝廷大夫一样的俸禄，次等的享受士的俸禄。如果卫懿公出外游玩，就让鹤们陪同，将鹤分成队列，用华丽的大车载上它们，并指挥鹤们在前面开道。卫懿公亲昵地称这些得宠的珍禽为“鹤将军”。

宫里有专门养鹤的人，他们也有优厚的俸禄。为使鹤们有足够的粮食吃，卫懿公便加重赋税，在百姓中强行征收，而遇到灾荒的年成，卫懿公照样要百姓们交纳赋税，不知多少人家饥寒交迫。

卫国大夫石祁子是当时名臣石碏的后代，他的父亲叫石骀仲，以前也是卫国大夫。石祁子为人正直敢言，在卫国很有名气，他和宁庄子同掌卫国朝政，两人都是卫国的贤臣。他们多次劝谏卫懿公不要玩物丧志，要爱护百姓，关心民间疾苦，但卫懿公只把他们的忠言当作耳边风。

公子毁是公子硕与卫惠公的母亲宣姜所生，公子硕为卫惠公的庶兄，从公族来说，公子毁算是卫惠公的侄子，是卫懿公的庶弟了。公子毁看到卫懿公那样昏庸，感到他迟早会把卫国弄亡，就找个借口跑到了齐国。齐桓公觉得公子毁人品不错，便把自己宗室的一个女孩嫁给他为妻，将公子毁留在了齐国。

因急子和公子寿都没有儿子，公子硕已亡，黔牟的后代绝迹，只有公子毁是个贤德的人，卫国人都盼望公子毁能够成为国君。当卫懿公继位，不顾民间疾苦，公子毁又出奔齐国时，卫国臣民就对现任国君怨气冲天了。

早在周文王的时候，北狄族的獯鬻部落就开始强盛起来，狄主曾出兵威逼周文王把都城迁往岐地。周武王统一天下后，周公南征荆、舒等地，北伐戎、狄族，中原各地才有了长期的安宁。一直到周平王迁都洛邑，南方的荆楚，北方的戎、狄族才又抬起了头，不服周王室的管辖，再度不断侵扰中原周边的诸侯国。

单说北狄主名叫瞍瞒，他倚仗手下的数万骑兵，常有深入中原内地的企图。当听到齐桓公亲率大军进攻山戎的消息时，瞍瞒一拳击在餐桌上，环视了一下众臣说：“齐兵大老远跑去攻打山戎，太不把我狄人放在眼里了，今天我们就先发制人，给他们点厉害瞧瞧！”说完，瞍瞒就下令调拨两万铁骑，亲自统领人马奔袭邢国，仅一天便击破了邢国都城，狄军到处杀人放火，掠夺人、畜和财物。

一天，瞍瞒得到齐军正在策划前来援救邢国的情报，知道卫懿公不修国政，就移兵攻打卫国去了。

那时卫懿公刚想带着鹤出外游玩，忽然，情报人员回来告诉他：“狄兵已杀进我国境内了。”卫懿公猛吃了一惊，慌忙召集人马，筹办军备，准备迎战狄兵。但百姓不愿投入战斗，几乎都逃往野外去躲避

起来了。

卫懿公就叫担任司徒的官员派人抓捕逃散在外的百姓，把他们集中在一起。一会儿衙役就擒拿了一百多人，司徒将他们带到朝廷，卫懿公问道：“你们为什么宁愿四处躲藏，却不肯保卫国家？”

那些被逮住的人一致说：“君只要把一件东西用上就足够抵抗狄兵了，我们这些百姓还起什么作用呢？”

“有这样的东西？那是什么？”卫懿公惊奇地说。

“鹤。”众人回答。

“鹤怎么能退敌呢？”卫懿公觉得有些离谱。

“鹤既然不能同敌人作战，不能救国家于危亡，那就是没用的东西了。但君耗费有用的钱粮来供养那些无用的鹤，弄得民不聊生，这就是我们百姓们不愿去前方打仗卖命的原因。”

听到这儿，卫懿公既愧疚又后悔，低头说：“寡人明白自己的罪过了！现在愿把鹤都放出去，以后一定勤政爱民，可以吗？”

在一旁的石祁子连忙说：“君就尽快行动吧，只怕这时候有些晚了啊！”卫懿公即刻遣人打开所有鹤笼，把它们往外赶，可那一千多只鹤因为长久被人精心饲养，习惯了舒适的生活，只在宫廷园林低空盘旋，都不愿意飞走。

石祁子和宁速两位大夫亲自到街市上宣传，向民众说明卫懿公的悔过表现，这才稀稀疏疏地聚集了一些从外地回来的人。

可这时狄兵已攻进了荥泽，片刻之间就有三四次告急文书传到卫国朝廷。石祁子向卫懿公请示：“狄兵骁勇善战，我们切不可轻敌，就让臣速去齐国求救吧？”

卫懿公勉强挺挺胸说：“齐侯上次奉周王命令前来我国，虽然不久退兵了，可事后我国没人主动地去和他们修盟结好，现在我们遇到了危难，他们怎么愿意来救我们呢？不如就和狄兵拼死一战，来决定卫国的存亡！”

宁速上前说：“臣请求带领队伍阻挡敌人进攻，君在城中坚守吧！”

卫懿公面色黯然，沉重地说：“寡人因养鹤犯下了过错，现在再不亲自奔赴战场，只怕没人会尽力保卫国家了。”便转过身，将一块玉玦递给石祁子说：“卿当代理国政，一切事情就凭这块玦，由你决断吧！”又交给宁速一支令箭，要他一心守卫都城，嘱咐他们：“国家的事情，全拜托你们两位。寡人要是不能打败狄兵，就无颜回城了！”

石祁子和宁速知道卫懿公此去凶多吉少，禁不住落下泪来。

卫懿公交代完国事，就调集人马，派大夫渠孔当大将，子伯做副将，黄夷为先锋，孔婴齐率后队，向荧泽进军。一路上，有许多将士仍然抱怨懿公养鹤误国。晚上，卫懿公在宿营地访察军情，听到一阵阵歌声传出帐外：“鹤有俸禄，民食野菜；鹤乘华车，民赴战场。狄兵剽悍啊，我无长物；力战强敌啊，我们九死一生！鹤今在哪里啊，只有我们承受苦难！”

卫懿公听完这首歌，心中更增添了烦闷，便默默回到了中军营帐。

卫懿公在路途听到将士们歌中含怨，心里感到烦闷，而大将渠孔在军中实行过严的军规，弄得士兵们满腹牢骚，卫懿公又添新愁。将近荥泽，只见千余狄兵分成左右两路乱纷纷地奔驰，显得没一点阵法。

渠孔高兴地说：“人们都说狄兵剽悍，不过是徒有虚名罢了！”便命令卫军擂鼓追击狄兵。

狄兵故意败走，将卫军引诱到峡谷，只听见一阵响亮的呼哨声划

过天空，埋伏在丛林里的狄兵突然杀出，顷刻间，如山呼海啸一般，就把追来的卫军截成了三段，使卫军首尾不能救应。

卫军本来就没有与狄兵战斗的决心，现在看到狄兵来势凶猛，都抛下战车，脱掉铠甲，各人只顾自己逃命，卫懿公很快陷入了敌军的重重包围之中。

渠孔看见狄兵如蜂蚁般涌来，对卫懿公说："形势已经万分危急了，请君把帅旗取下来，换上便服，然后下车混在士卒们中间逃跑，或许可以脱离险境呀！"

卫懿公看着越来越多的狄兵说："卿等若能救出寡人，看到帅旗也好知道寡人在哪里，如果不能相救，扔下帅旗又有什么益处？寡人宁愿死在沙场，向百姓们谢罪，也决不苟活在世间！"渠孔只得回身杀入敌阵，力图为卫懿公杀出一条血路。

不久，卫军前后两端的人马就溃散了，先锋官黄夷战死，后路军主将孔婴齐不愿被擒，自刎身亡。狄兵全部向卫懿公这边围过来，渠孔的副将子伯从车上中箭落地，随即被狄兵斩首。卫懿公和渠孔先后受到围攻，狄兵的乱刀将他们砍成了肉泥。至此，卫懿公统领的大队人马全军覆没。

最后，狄兵俘虏了卫国太史华龙滑和礼孔，把他们五花大绑押到瞍瞒面前。瞍瞒瞅了瞅他们说："这两个活物有什么用？给俺推出帐外斩了！"

华龙滑懂得北方的那些民族有相信鬼神的风俗，就哄骗他们："我们是卫国的史官，掌管天文历法，主持国君太庙的祭祀，让我们先回太庙给你们求得保佑吧，不然，会引起神鬼愤怒，你们就很难攻打卫国都城了。"瞍瞒以为华龙滑说的是真话，就同意他们俩上车回去了。

那时宁速正全身戎装在城墙上巡视防务，望见有一辆战车由远而近地驶来，认出是两位太史，心中一震，忙大声问道："你们怎么回来了？主公在哪里？"

两位太史哀声说："主公全军覆没了！狄兵十分强悍，我们不能等着和都城一起毁灭，现在应当暂时避开敌军的锋芒，快些撤走吧！"宁速便命令门吏放他们俩进城。礼孔向太庙方向拜了拜，凄楚地说："昨天和君一同出城，而今不能和他一起入城，臣子的节义在哪里？我只有去地下侍奉国君了！"一道亮光闪过，礼孔拔剑自刎了。

华龙滑看到礼孔死去，擦了一把泪水说："我不能和兄一道殉节了，卫国这段历史得有人记载啊！"就独自驱车进入了都城。

宁速和石祁子计议停当，便带领卫懿公的宫眷和公子申，趁夜色驾小车出了城往东奔走，华龙滑携上一大包典籍跟在后面。城中百姓听说二位贤大夫都出城了，便各自扶老携幼尾随他们逃命，哭喊声响成一片。

狄兵乘胜进军，一路无人抵挡，直冲进卫国都城。那些没来得及逃走和行动缓慢的百姓，十有八九被狄兵砍死。瞍瞒又派兵沿路追赶，石祁子保护卫懿公的宫眷走在前面，宁速在后面掩护他们，时而与追上的狄兵激战，时而往后退走。跟在后面逃难的百姓半数以上死于狄兵的刀下。

即将到达黄河时，石祁子和宁速他们都感到疲惫至极，也觉得没路可走了。忽然看见河岸一队人马迎面奔来，原来宋桓公御说得到卫国沦陷的情报，就遣兵来接应他们了。卫国臣民在宋军的帮助下，当晚准备船只，星夜渡过了黄河，这才有了喘息的机会。

狄族的追兵见卫国臣民过了河，便转回去，将卫国府库与臣民私自的财物清洗一空，只留下一座废墟，满载而归。

卫国大夫弘演在卫国都城被毁前出使陈国交好，当他回国时，看到都城已是一片废墟。又听说卫懿公死在荥泽，弘演就决定前往荥泽找到他的遗体。

一路上，弘演看见到处都是狼藉的白骨和模糊的血肉，因无人掩埋，成了鸟兽现成的食物。那情景惨不忍睹，使弘演十分感伤，不停地叹息。

进入荥泽的腹地，弘演找到了懿公的尸体，只见早已血肉模糊，只有肝脏还算完整。他禁不住痛哭起来，而后对着他的遗骸拜了拜，当作卫懿公活着时一样，行了君臣之礼，然后向他禀报出使陈国的过程。做完这些事情，弘演又哭着说："没有人给主公安葬，我就把自己的身体当做棺木来盛殓主公吧。"便转头嘱咐随从："我死以后，就将我葬在这片树林旁。等到新国君即位了，你们才能把我今天的情形告诉他。"

说完，弘演就拔出腰间的佩刀，剖开了自己的肚腹，忍住剧痛，颤抖着手将卫懿公的肝脏放进自己的肚腹里面。呻吟了一会儿，弘演就闭上眼睛，停止了呼吸。

当天，石祁子和宁速带领卫懿公的眷属们逃到了黄河岸边，石祁子先扶公子申等坐上船，宁速聚拢跟着逃难的百姓，随后也赶来了。

众人到达漕邑，石祁子清点了一下青壮年男子人数，总共只有七百二十多人，大多被狄兵杀死了。石祁子和宁速抱着头哀伤了好久，都感到一道难题摆在面前：国不可一日无君，可眼下卫国的将士少得可怜了，怎么样才能凑齐一个侯国最基本的兵员啊？

石祁子和宁速商议了半天，最后决定再从共、滕两处邑地抽取十分之三的人口充当兵役。这样，募得兵员四千多人，连同跟随众臣逃难的青壮年男子，才组成一支仅五千人的军队。

石祁子和宁速几经周折，在漕邑修建了简陋的房舍，扶持公子申即位卫国君位，称为戴公。

宋桓公御说、许桓公新臣听说卫懿公阵亡的事情后，都遣使到漕邑吊唁卫懿公。

戴公早患有重病，即位才几天就去世了。宁速便前往齐国迎接公子毁回国为君。

齐桓公听宁速讲完卫国目前的处境，感叹了一会儿，说："公子毁从敝国回去，将继承君业，如果要强留他在齐国，那寡人就不近人情了。"便赠给公子毁一匹骏马，五套公侯用来祭祀宗庙的礼服，牛、羊、猪、鸡、狗各三百。又赐给公子毁夫人一辆豪华的马车和三十匹上品锦，并派齐国大夫公子无亏统领三百战车送他们去漕邑。想到卫国的窘境，齐桓公又送了一批砖瓦和木料给公子毁，让他建造宫室。

公子毁回到漕邑时，众人就把弘演剖腹收纳卫懿公肝脏的经过详细地向公子毁禀告了。

公子毁感动得流泪，立刻差人准备下棺木去荥泽重新入殓卫懿公，同时给卫懿公、戴公发丧。为彰显弘演的忠义，公子毁对弘演追封了谥号，并录用他的儿子仍为卫国大夫。

诸侯们受齐桓公的感召，也先后拿出钱财遣人送往卫国支持新君渡过难关。

公子毁回到卫国即位的第二年（前660年）春天正月初，便建立年号，称为卫文公。虽然诸侯们大多给严重受创的卫国捐献了财物，

但杯水车薪，卫国仍然处在极度贫困之中。卫文公曾一度寄居民间，现有战车仅三十辆，受战乱的难民饥寒交迫，连粮食种子也很匮乏，一片凄凉景象。

卫文公的衣帽都是粗布制成，吃的是平常人家的饭菜，他早起晚睡，到各地安抚百姓，无人不称他是位贤君。

公子无亏看到今日的卫国兵力空虚，就留下三千健壮的士兵协助卫国人戍守漕邑，防止狄兵再次侵犯，便带领多半人马回齐国了。公子无亏见了齐桓公就把卫文公生活如何俭朴，弘演怎样为卫懿公殉身的情形都作了汇报。

齐桓公感叹说："一个无道昏君，怎么也有臣子对他这样尽忠呢？看来卫国还是很有前景的啊！"

管仲向齐桓公献策："卫国目前贫弱，我国留兵帮新君守卫驻地也是盟主分内的事情，但长期下去，对齐、卫两国都劳民伤财。与其在那里戍守，不如我们帮助卫国选择一个好的地方修筑都城，一劳永逸。"

齐桓公觉得这是个好主意，正想张罗诸侯们投入人力物力一起重建卫国都城。忽然，邢国使臣来到齐国，一见齐桓公，就惴惴不安地说："狄兵又打进敝国了，我们难以坚守，盼望盟主垂怜众生，尽早发兵救援啊！"

真是一波未平，一波又起。邢国也出事了。

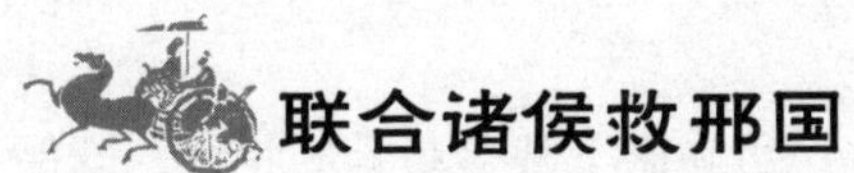

联合诸侯救邢国

齐桓公让邢国使臣暂歇，私下问管仲："我们齐国眼前可以出兵给他们解围吗？"

管仲回答："诸侯们之所以拥戴主公做盟主，正是因为齐国能够在诸侯中扶危济困。前些日子，我们没来得及解救卫国，这次要是再不能援救邢国，那我国的霸业就会从此衰落下去了呀！"

齐桓公有些烦恼，咂了一下嘴说："可是，卫国的事情还摆在我们面前，邢、卫两国都翘首望着我们，先解决哪个的难处才好？"

"等平息了邢国的兵患，再去帮卫国建城，那将成为君千百年的功业啊！"管仲说。

齐桓公同意了管仲的主张，旋即向宋、鲁、曹、邾各国发出檄文，约定在聂北聚集，一同出兵解救邢国。

宋、曹两国的军队先到达聂北。齐桓公把管仲叫到营帐内，悄声说："邢国形势危急，鲁、邾军不知什么时候才来，干脆让他们做后援。有三国的将士可以与狄兵一决雌雄了，我们是不是马上进军攻打狄兵呢？"

管仲皱眉想了想，说："狄寇现在正当凶猛之时，但邢国尚可抵御一阵子，如果我们这时出击强敌，就要付出成倍的代价。而我们帮

助还有一定抵抗力量的邢国，那是显不出多大功劳的事情，不如等等再说吧。若邢国支撑不住了，必然会溃败；狄兵若战胜了邢军，必然会疲惫不堪。到那时，我们驱逐乏力的狄兵，救助危亡的邢国，就省力而又功高了。”

齐桓公觉得这么做是狠心了些，可在眼下战事频繁的年代，既保存自己的实力，又获得更高的名声要紧，便接受了管仲这个不无酸味的主意。

于是，齐桓公托言等鲁、邾国的援军赶到了，就同时对狄兵发动总攻，并让人把这一意图传话到宋、曹国军营。三国军队便在聂北各自安营扎寨了。

齐桓公又派出密探每天了解狄兵与邢军双方的局势。

齐、宋、曹三国在聂北驻军将近两个月的日子里，狄兵无所顾忌，昼夜围攻邢国都城。最后，邢军兵力衰竭，如房舍倒塌似的一下就混乱起来，各人只顾出城逃命。

齐国的密探将邢军溃败的情况报告给齐桓公不久，那些逃出城的百姓像潮水一样向齐国军营涌来，哀求齐桓公快起兵拯救陷入魔掌的邢国。

只见其中一人倒地就哭，一时都不能站起。齐桓公认出他正是邢国君叔颜，连忙把他扶了起来，安慰他说：“都怪寡人没有及时救援，才弄得你们如此凄惨，这是寡人的罪过呀！你也不要太悲伤了，寡人马上就请宋公和曹伯共同商议一下，将会替你们赶走狄兵，夺回城池。”

当天上午，齐、宋、曹三国的军队便拔营起寨，分成三路往邢国都城方向进发。

这时狄兵已把邢国掳掠一空，俘获人口、财物无数。瞍瞒得知齐、宋和曹国军队正向邢国境内迫近，一来害怕自己的军队将吃败仗，二来担心已抢夺到手的财物会失去，便在城中放起一把大火，指挥人马向北奔去。

齐、宋、曹三国大军赶到邢国都城时，只见宫廷和数以千计的民房大火弥漫，狄兵早没了踪影。齐桓公急忙传令所有将士迅速扑灭各处大火，又遣人抚恤遭劫难的百姓。

忙活了一会儿，齐桓公问叔颜："还能在这地方居住下来，仍把它作都城吗?"

叔颜望着宫室的残墙与房梁的余烬，忧伤地说："逃出城的百姓大半去了夷仪，寡人想顺从民众的愿望，就以那里为新都吧。"

齐桓公二话没说，便下令齐、宋、曹三国都备办好各种建筑工具，全体将士迅速投入了紧张的劳动。一个多月后，就在夷仪修筑了坚固的城墙。接着给叔颜建起祖先的庙宇及朝堂，并为他添置了房舍。大量的砖瓦和牛、马、粟、帛之类的物资从齐国源源不断地被运到夷仪。邢国君臣迁居夷仪的那天，如同重归故里，欢呼声响成一片。

宋公和曹伯看到邢国完事了，便打算向齐桓公辞行，带领各自的人马回国。齐桓公一摆手，笑着说："邢国的事情安顿下来了，可卫国还在等着我们呀。我们都是兄弟国家，现在帮助了邢国，而将卫国撂在一边，那卫国人会怎么议论寡人呢?"

宋公和曹伯都拱手说："我们愿听霸君的命令，您说怎么办就怎么办吧!"

齐桓公便号召各国将士随身携带畚箕及铁锹等工具，立刻向卫国进军。卫文公得知齐、宋、曹大军到来，亲自出城几十里迎接。齐桓

公目睹卫文公果然身穿粗布衣服，头戴帛布帽子，还是丧期的装束，心生怜悯，不由得眼眶有些湿润了。过了好久才说："寡人依靠诸君相助，想帮君重修都城，但不知在哪里定都为好？"

卫文公再拜说："君的深恩，寡人一辈子也难报答啊！前几天太史已占卜过，认为在楚丘定都最适宜。但修建一座都城的费用，对我们亡国的人来说实在无能为力呀！"

齐桓公爽朗地说："这件事情就交给寡人办吧！"当天就传令齐、宋、曹三国将士奔赴楚丘破土动工了，直到宫室和太庙修成，大多建筑和生活物质也都从齐国运来，卫国如再造一般，史称"封卫"。

至此，齐桓公接连定鲁、救邢、存卫，连战皆捷，名声大振。天下大小诸侯，既称道齐桓公的威武，更钦佩齐桓公的仁义，纷纷来与齐国修好。

蔡姬事件

齐桓公在短短的三年中，靠着管仲的精心筹划，先后助燕、安鲁、救邢、存卫，剿山戎、服孤竹、灭冷支、歼北狄……势不可当，天下诸侯望风归附，连紧靠楚国的江国、黄国这两个小诸侯国也愿归附齐国，这使楚国感到了巨大的威胁。

当时楚国君主是楚成王，也是一个很有能力的人。他带领楚国向北渗透，也想染指中原霸权。

齐桓公早就想敲打敲打楚国，只是一直苦于没有机会。

真是人算不如天算，恰在这时齐宫中发生了一件生活小插曲，提前促成了伐楚之举。

齐桓公二十九年（前657年）的一个明朗的初秋日子，阳光灿烂，天空碧蓝，空气清爽。齐桓公被蔡姬缠着到宫廷后苑的清池中荡舟采莲蓬。蔡姬是蔡国君侯蔡穆公的胞妹，嫁与齐桓公为姬，封为蔡姬。蔡姬正当妙龄，美丽、聪慧而又有着江南女子的清灵之气，颇受齐桓公的宠爱。所以齐桓公虽心情不佳，但被缠不过，还是答应了蔡姬。

荡舟时，蔡姬见蓝天绿水，清风轻拂，硕大的荷叶随风轻摇，不由得心花怒放，顽童之心大起，伸手撩起池水泼洒桓公。

齐桓公从小居于北方深宫，是个“旱鸭子”，十分怕水，于是惊慌失措地制止蔡姬。蔡姬年少顽皮，不知深浅，仗着桓公的宠爱，越发一边颠簸小舟，一边撩水，将齐桓公溅得满脸水渍。

齐桓公颤颤巍巍地站起来欲抓住蔡姬，谁知小舟猛地一晃，齐桓公站立不稳，举着双手摇晃了两下，“咕咚”一声栽入水中。蔡姬还在咯咯嬉笑着，见齐桓公在水中极力挣扎，眼看就要沉下去了，方知闯下大祸，顿时花容失色，大喊：“救命啊！救命啊！快来人救救大王。”

有擅水的侍从慌忙跳下清池，把齐桓公生拉硬拽地拖上岸来。齐桓公浑身透湿，伏在岸上“咳、咳”地吐着清水。

蔡姬也从小舟上下来了，跪在地上手颤抖着为齐桓公捶背，嘴里哆哆嗦嗦地呼唤着：“大王、大王，您不要紧吧？您不要紧吧？”

齐桓公是一国之君，中原霸主，连大国的君侯、周王室的上卿都

对他毕恭毕敬，被蔡姬如此戏耍，又因怕水弄得甚是狼狈，觉得大失尊严。他吐完了清水，坐起身来，一把将蔡姬推个趔趄，黑着脸怒道："婢子无理，不能侍奉寡人！"

蔡姬见齐桓公暴怒，忙跪倒在地上，连连叩头，哀告着："贱妾知错了，大王饶过贱妾吧……大王，贱妾再也不敢了。"

齐桓公不理不睬，在侍从的搀扶下回到宫中，仍是怒气未消，不顾蔡姬啼哭哀求，派遣竖刁将她送回蔡国。

齐桓公本来很是喜爱和娇宠蔡姬的，送其回国并无绝情休她之意。只是由于自己前不久过度行乐，在国内、宫中引起一些非议，心中不快，一怒之下惩罚她一下，以后自会再接回齐国。但齐桓公绝不会想到的是，事情却正是坏在了他一意宠信的竖刁身上。

竖刁这才想起大卫姬一直对齐桓公宠爱蔡姬妒火中烧，时常在他跟前诅咒蔡姬。他是个利欲熏心的小人，一听让他送蔡姬回国，暗自窃喜，心道："又是一桩美差！"

他想的是，现今齐桓公威名正盛，蔡穆公不敢轻易得罪齐桓公，必会想方设法挽回这门亲事，这样只有极力巴结于他，向他重金行贿，求他向齐桓公多加美言，接回蔡姬，这样他不费吹灰之力，就可大捞一笔实惠。

竖刁正准备起程，大卫姬派侍女唤他过去，问他："听说大王要你去送那姓蔡的回国？"

竖刁忙道："是，娘娘。竖刁正要向娘娘禀报呢。"

大卫姬媚眼儿一瞪，娇嗔道："怎么做，不用本宫教你吧？"

"不用，不用。"竖刁献媚地道，"这等小事我竖刁都做不好，还劳您操心，竖刁还配做您的膝下臣子吗？竖刁好歹让姓蔡的一去不复返!”

“嗯，明白了就好。”大卫姬向他施个媚眼儿，“做得好了，回来本宫好好犒赏你一番也就是了。”

“谢娘娘恩典!”

竖刁告辞了大卫姬出来，伸了伸舌头，自言自语道：“忘记这茬儿了，差点闯出大祸来。看来我竖刁得做一次无毒不丈夫了。人不能回来，该捞还得捞一把！这就要看我竖刁的本事了!”

竖刁怀着大捞一把的心情兴冲冲地到了蔡国，谁知一见到蔡穆公，心顿时凉了半截，迎接他的并非是一张奉迎巴结的笑脸，却是一张冷若冰霜的面孔。竖刁说明送回蔡姬的缘由，蔡穆公冷哂道：“一个堂堂的大国之君，为了一次戏耍，就如此绝情，哪里是中原盟主的风范!”

竖刁美梦破灭，寸金未得不说，还受了一肚子的窝囊气。他顿时恼羞成怒，便从中挑拨，假托齐桓公之口，添油加醋，大泼污水，骂蔡国是不知礼仪的野蛮之邦；骂蔡穆公昏庸无能，顽冥不化；骂蔡姬无德无才，刁钻泼辣。言语之恶毒，无所不用其极。

蔡穆公见妹妹哭哭啼啼地被遣送了回来，本就心中懊恼，极欲发泄，听了竖刁的挑拨，勃然大怒，道：“已经娶到齐国，又遣送回来，还如此侮辱本公，这不是欺人太甚吗？偌大个天下，难道寡人非要与他齐国结盟不成!”遂与齐国绝盟，并扬言要将他的妹妹嫁到楚国。

竖刁回到齐国，自然又编造了一套谎话。再次假借蔡侯之口，给齐桓公泼了一身的污水。桓公闻报果然大怒，骂道：“老儿安敢欺我！寡人必雪此恨!”

竖刁见目的已达，心中暗自得意，悄悄到大卫姬那儿邀功请赏

去了。

齐桓公却陷入了苦恼之中。蔡姬是他的爱姬，却要被远嫁到楚国去了。他绝没料到事情会弄到这般地步，深感后悔，又觉得大受侮辱，恼恨之余，遂即决定讨伐蔡国，以雪夺姬之恨。

管仲听说齐桓公要为蔡姬之事，向蔡国开战，很是着急，匆匆来到宫中求见桓公。齐桓公一见管仲神色慌张地跑来，便知必是为伐蔡之事，便抢个先机，冷冷说道："仲父急匆匆赶来，莫非又是劝说寡人不要伐蔡？"

管仲见齐桓公一语挑明，也坦率地道："大王乃是大国之君，中原盟主，只为后宫私事就去讨伐一个盟国，如何说得过去？这样做，天下诸侯非但不会同情齐国，反而会暗中嗤笑大王。大王切不可因一时激愤而草率行事，以免误了大事。"

齐桓公深蹙双眉，瓮声瓮气地道："仲父知道寡人的内心有多么痛苦吗？爱姬白白被夺走，不让蔡穆公老儿吃点苦头，寡人枉自为人，又有何颜再为中原盟主？寡人伐蔡之意已决，仲父不必再言！"

原来，齐桓公因自己一时激愤失误而痛失爱姬之后，数日来，他食不甘味，夜不安寝，度日如年。他总觉心中空空荡荡，没了一点情趣，其余姬妾也突然间都大失姿色，一个个变得俗不可耐。他的眼前总闪动着蔡姬的俏姿和丽容，耳畔鸣响着蔡姬清脆悦耳的娇呼和甜笑。甚至当日惹他恼怒之时的泼水模样，也突然变得那么的烂漫可爱，以致使他着魔一般，闲暇之时，常常独坐出神，思念蔡姬。

后来齐桓公与管仲议论起此事，还常常感叹不已，说终于明白了当初殷纣王为取悦于妖妃妲己的欢心，而炮烙梅伯、挖心比干；周幽王为博得美人褒姒一笑，而戏耍诸侯以致亡国之事。他们均是心窍被痴情所迷，以致神魂颠倒，难以自拔。当时他也正是深深陷入了“情”的迷网之中，所以对于管仲的言论，他是听不进一个字了。

管仲见齐桓公执意伐蔡，不便再言。但他作为执掌国家大政的宰相，总不能眼睁睁地让桓公因男女私情去讨伐一个盟国，更何况是齐桓公失误在先，蔡穆公绝情在后。这样做，必然会影响到千辛万苦创立下的霸主基业。

管仲内心深处并无过多责备蔡穆公之意，他一直在怀疑，这一事之所以弄到如此地步，说不定是竖刁暗中做了手脚。管仲并非凭空怀疑，据他平时细加观察和宫中传出的风声，显而易见，竖刁乃是大卫姬的心腹之人，大卫姬在为桓公生子的娘娘中居于首位，妖冶精明，又擅弄权，时时露出独霸后宫且参与齐国政事的野心，她眼见蔡姬年轻貌美，性情活泼可爱，深受桓公喜爱，大有独专其宠之势，心中岂能不妒火中烧？蔡姬被遣回国，可说正中她的下怀。善猜度人意的竖刁既为大卫姬的心腹，又怎能让蔡姬重新回到齐国？所以，管仲觉得此事绝非如此简单，事关重大，眼下还是先设法稳住齐桓公，再作计较。

凡关乎某个国家生死存亡的大事时，管仲处置起来总是甚为慎重，均着眼于齐国的地位和齐桓公称霸所遵循的“尊王攘夷、救危扶困、征伐无道”的十二字箴言。此次征伐关乎蔡国的存亡，自然也不例外。所以，他根据蔡国的地理位置和背离齐国、投靠楚国的情势，细加思索，很快便想出一条以攻为守的绝妙之计。

管仲复见齐桓公，献计道：“大王执意伐蔡，臣想出一个一箭三雕之策，好歹让蔡侯落入臣设下的圈套中。”

齐桓公还当管仲又来说服他呢，见他竟然同意伐蔡，又亲自设谋，

喜不自胜，忙道："有仲父亲劳，何愁伐蔡不成！仲父有何妙计，快告诉寡人！"

管仲断然道："伐楚！"

齐桓公一听，以为自己的耳朵出了毛病，惊诧地问："伐楚？寡人是要伐蔡，仲父却怎么说到伐楚？莫非寡人听错了？"

管仲微微一笑，道："大王并没听错。此乃声东击西之法。"

齐桓公问："何为声东击西？"

管仲道："大王知道，楚国背逆周室朝廷，已有许多年没有向周王室进贡包茅啦。大王不是早就想讨伐楚国吗？此时正可打出周天子的旗号，召集天下诸侯之师，向楚国问不贡之罪。"

包茅是楚国应向周王室进贡的一种特有的菁茅草，又长又结实，周天子祭祀时，把菁茅捆成束，立于祭坛上。将酒从茅草梢间浇下，酒便顺着菁茅渗入地下，土地之神便可饮到人世间供奉的美酒。由于楚国多年寸草不贡，周天子已无法祭祀地下众神，大有怨恨楚国之意。

齐桓公还是不明，惑道："可伐楚与伐蔡又有何关系？"

管仲道："这个'关系'便是着落在邀集天下诸侯共同伐楚这一事上。大王想，蔡国已与中原之盟离心离德，有投靠楚国之势。大王只充不知，仍以盟主身份以周天子的名义檄邀蔡国出兵共同伐楚。蔡侯必不出兵，便是对周王室的忤逆不道，正给大王一个征讨的口实。只要师出有名，一个小小的蔡国又何足道哉！大军伐楚之时，举手投足之间，便顺势将其收拾了。如此，既完成伐楚之夙愿，大煞了楚国的威风；又惩罚了蔡国，雪了夺姬之辱；同时又为郑、宋出了一口恶气，保住了郑、宋两国与齐国的盟约。所以谓之一箭三雕之法。"

管仲一席话，说得齐桓公大为叹服，当即决定伐楚。君臣二人商讨该邀集哪些国家出兵。齐桓公道："刚刚结盟的江、黄两国，正与楚国紧邻。这次伐楚，可作为策应。"

管仲摇头道："不可。"

齐桓公诧问："为何不可？"

管仲道："江、黄两个小国均为弹丸之地，远离齐国而靠近楚国，其所以能够长期生存下来，皆因没有得罪楚国之故。正因为如此，上次盟约才为密约。倘若暴露了两国与齐国结盟之事，这次又公然与楚国为敌，楚君必大为恼火，即使大王率军降服了楚国，又如何保得住日后不再反复？到那时，楚国想吞并江、黄，朝发暮至，唾手可得。大王即使想救援两国，也是鞭长莫及。可如若不救，又负了同盟之义，空惹天下人耻笑。再说，大王曾邀集中原诸侯，五合六聚，次次大获成功，这次兴王师大举伐楚，又何必求助于国小力微的江、黄呢？"

齐桓公听了管仲的分析，觉得有理，遂罢了邀江、黄两国助战的念头。

征讨楚国，是齐桓公称霸中原数十年中的一次壮举。

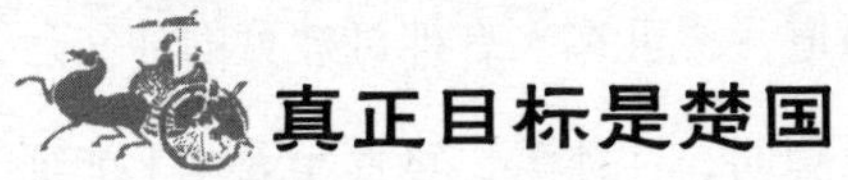

真正目标是楚国

在伐楚的全过程中，管仲自然是当之无愧的主谋人物。他在运筹帷幄，与楚国斗智斗勇的同时，也分出些许气力，与竖刁在暗中展开

了一番较量。

齐桓公十分看重这次伐楚之战。伐楚，是他身为中原霸主之后梦寐以求的一件事，他认为齐、楚两雄迟早必有一场恶战。但对于大战的胜负，他却心中无数，召来管仲商讨。

他问管仲："仲父看，此次讨伐楚国的前景如何？"

管仲道："从大战的前景看，楚国充分利用其地利，可与中原之师决一死战，胜则辉煌，败则可以罢战请和，所谓进可以战，退可以和；而中原大军是以王师之名，如遭败绩，齐国威名扫地不说，更会'引虎出洞'。那时楚军乘势北进，直捣中原，当犹如无人之境。所以此次出征，齐军许胜不许败！"

齐桓公问："仲父预测，我军胜负成算几何？"

管仲道："制胜之道，靠的是天时、地利、人和，以及双方的国势、军力对比之中稳占上风。"

齐桓公问："仲父以为，我国与楚的国势、军力对比如何？"

管仲道："楚国独霸荆壤之地，地广人众、兵精粮足，乃是齐国的强敌，绝非山戎、孤竹、冷支、北狄等诸夷可比；而齐国霸主中原数十年，国家富足，兵甲肃整，操练有素，更擅打恶仗、硬仗。两国、两军势力当在伯仲之间。"

"噢。"齐桓公点点头，自豪地道，"可寡人有神机妙算的仲父运筹谋划，又有鲍叔牙、王子成父、隰朋、仲孙湫、宾胥无等一干能征惯战的勇将冲锋陷阵，当可优于楚国吧？"

管仲道："统兵将帅，楚国也不弱呀。文有子文、屈完等，武有斗章、王孙游等。不过，子文等偏于文，斗章等偏于武，缺少文武双全之才，文武相制，则为兵家之忌。而我中原之师，以大王率军亲征，大王几十年来南征北战，已深谙兵家之道。正如大王所言，此一对比，我军稍占上风。”

“那地利上呢?”

“从地利看，楚军在本土作战，熟悉地形地势，又可以逸待劳；而中原之军则是千里征战，抵楚时已成疲劳之师，又是地形生疏，不服水土，此一比较，怕是楚优于齐。但中原之师可以以兵众而弥补。”

“天时呢?”

“从天时上看，楚国称王僭号已愈三世，常常派兵袭扰中原盟国郑、宋等国，又不向周王室纳贡；齐国则以盟主为名，以‘尊王’为旗号，邀集天下诸侯之兵，代周天子前往问罪。此则理在中原一方。”

“还有别的可左右胜负的吗?”

“有。”管仲答道，“诸如兵器的优劣，军纪的严弛，大军的士气，彼此双方运筹谋划等，都将决定大战的胜负。”

“对比如何?”

“我中原之师均优于楚军。”

“好!”齐桓公拍案道，“如此看来，与楚军大战，我军当立于不败之地!”

“筹谋在先，战则必胜，此兵家争战之道嘛!”

齐桓公心中有了底数，甚感欣慰，又问道：“筹谋之事，全靠仲父啦!”

“感谢大王的信任，但还有一件大事须大王定夺。”

“还有何事?”

管仲道：“事关重大，大王须派出重要文臣武将分赴各诸侯国，向其陈述伐楚之理，晓以利害，务使各国诸侯出兵助战。”

齐桓公豪气地道：“仲父多虑了吧！少了个把国家，几百辆兵车、几千人马，寡人哪里放在心上！”

管仲正色道：“少了个把国家，对伐楚来说确实微不足道，但令出不严，却是折损了大王的威望，影响甚大。更有另一重要关节，大王不是要孤立蔡国吗？只要蔡国对盟主之命置若罔闻，就可以堂而皇之地前去讨伐问罪。如再冒出一两个国家不服从盟主调遣，不肯出兵伐楚，如讨伐蔡国，便也要讨伐这些国家。一旦出现此种情状，用不着伐楚，中原恐要开始争战不休。齐国要自酿苦酒自吞吃了。”

“好。”齐桓公点头表示赞同，“就由仲父决定人选吧。”

君臣二人商定伐楚后，管仲开始操练军队，修治甲兵，积蓄粮草。他在军队数量上亦不敢托大，以前南征北战，只靠齐国军队便可扬威天下，或至多邀集三两家诸侯助威。这次竟邀集鲁、宋、郑、陈、卫、许、曹、蔡八国诸侯，派出兵甲助战，连同齐军，号称天下王师。并定于翌年（前656年）春，共同讨伐楚国。

管仲亲自选定出使各国的使臣：宁戚到宋国、王子成父到郑国、隰朋到陈国、竖刁到卫国、开方到许国、宾胥无到曹国、公子无亏到蔡国。如此分派，管仲也是做了深思熟虑的，他想到宁戚曾说服宋国与齐国修好、王子成父曾助郑厉公复位等有利因素外，还考虑到竖刁是个无孔不入、极为贪婪的势利小人，于是偏偏派他到重建国家一贫如洗的卫国，且看他有何话说。

管仲分派完毕，问道：“诸位有何异议？”

果然，管仲话音未落，竖刁即急切地道：“在下有异议！”

管仲蹙眉问道：“有何异议？”

竖刁道：“回禀相爷，在下以为，公子无亏曾助卫复国，而小人曾送蔡姬归国，熟知蔡国之情。所以应派公子无亏使卫，而小人出使蔡国最为有利。”

管仲心里冷笑，但脸上却对竖刁之议表现出很高兴的样子，夸赞道：“嗯，想得周全，很不错嘛！”说罢，当即将二人作了对调。

竖刁脸上表现出很恭顺的样子，心里也在冷笑：“别人都把你管仲捧得神乎其神，犹似天人一般，还不是轻易地就中了本公的圈套！看来，尔也是徒有虚名，如此而已！”

他哪里知道，他的一举一动均早在管仲的预料之中！

竖刁想到他每次出使外国，都能获取一批重礼，一个穷得叮当作响、靠别国救济方能存活下去的卫国，又能榨得出多少油水？而蔡国就不一样了。蔡国土地肥沃，是久负盛名的鱼米之乡，数十年来，既无外患，又无内乱，国家积蓄厚重，十分富庶。上次送蔡姬归国，他已感受到蔡国都城洋溢着一股富豪之气，甚是眼馋，自己却是分文未得，憋了一肚子的恶气。这次出使关系到蔡国的存亡，到时见机行事，略施小技，必使蔡侯乖乖地顺服，狠狠地敲诈他一把！于是，带上一名随从兴冲冲地去了蔡国。宁戚、隰朋、王子成父等也相继出发。

分派已定，管仲来向齐桓公禀报。

齐桓公诧问：“为何鲁国没有派使臣前往？”

管仲道：“大王可否记得当年拜臣为相之初，臣曾说过，既要称霸中原，就必须抵御外夷，征伐无道。而如有南征之举，根据地理位置和国家的势力，必须依靠西南紧邻的鲁国。”

齐桓公道：“寡人记得呀，那又如何？”

管仲道：“鲁国自内乱平息后，在鲁僖公的治理下，日渐强盛，已恢复了大国的地位。现在南下远征强楚，鲁国正可为强大的后援，

作用举足轻重。派遣别的使臣，臣焉能放心？”

齐桓公诧道：“怎么？仲父欲亲自出使鲁国吗？”

管仲微微一笑道：“臣是要去的，但臣还想请大王您亲赴鲁国，明为抚慰，实为探明虚实，务必说动鲁侯出兵。”

齐桓公欣然道：“好啊！寡人正憋闷得慌呢。”

齐桓公和管仲到了鲁国。鲁僖公是个重义之君，不忘齐桓公帮助他平息鲁国内乱之情，更是感激管仲在鲁国几经危难之际，屡屡施之以德的恩义，对齐桓公君臣二人自是盛情款待。

齐桓公见僖公如此贤明有为，在短短的数年中将一个乱鲁治理得如此井然有序，也不由地心生敬佩之意。

酒筵上，宾主频频祝酒，气氛甚为和谐。齐桓公乘机说起伐楚之事，欲邀鲁侯共同出兵。鲁僖公慨然道：“昔日，鲁国得蒙君侯和相国无私相助，方有今日的国安民富。君侯在剿灭狄夷，救邢、存卫之时，鲁国因内乱刚息，百废待兴，无暇他顾。如今要讨伐楚国，本公将执鞭前驱，助君侯一臂之力。”

齐桓公没想到如此顺利，欣喜之色溢于言表，道：“有君侯相助，楚国何足道哉！”遂与鲁侯订立密约，翌年（前656年）春择日伐楚。

就在伐楚紧锣密鼓地进行谋划筹措之时，楚国的探子已听到了风声，即刻飞报楚王。

楚成王大怒，即刻召子文商讨对策。

子文道：“中原大军此番来犯，必定要与楚国一决雌雄。依臣之见，中原大军既于明春来犯，我可抢先下手，派遣大军一举降伏郑国，去掉中原的屏障，斩掉齐桓公的羽翼。当可煞一煞中原之师的锐气！”

楚成王采纳子文的计策，当即调遣人马，向郑国大举进犯。

王子成父奉齐桓公之命出使郑国，晓之以理，动之以情，刚刚说服了郑文公出兵伐楚离开郑国不久。楚国大军已兵临城下。

郑文公性情懦弱，见楚军来势凶猛，登时方寸大乱，意欲向楚国求和。

大夫孔叔极力反对，对郑文公道："大王不可如此行事！数十年来，齐桓公屡屡与楚国交恶，皆是为了郑国之故，甚至在楚国向齐国大献殷勤、要求修好之时，齐侯为了暗助郑、宋两国，以使中原盟约得以巩固，而对楚国的献媚不予置理。齐侯有德有恩于郑，大王又刚刚答应王子成父将出兵助战，我若背弃与齐国的盟约，则为不信；屈服于楚国，则为不义：况且，中原大军不日将至，郑国如顺服楚国，齐侯必恼恨郑国胜于恼恨楚国，到那时郑国恐要大祸临头了。"

郑文公听孔叔所言甚有道理，便问："楚军骤至，爱卿以为寡人该如何行事？"

孔叔答道："依臣之见，不如坚守城池，一边抗击楚军，一边向齐国告急求援。如此，既可显示郑国并非等闲，谁也不敢小觑；又可在中原盟约国中一展大国之风范。齐侯、管仲为维系中原盟约之尊严，绝不会对我坐视不救。"

郑文公沉思一下，方点头道："好！就依爱卿之见。"说罢，即派孔叔火速前往齐国求救，一边调集兵马迎击楚军。

谁知孔叔尚未出发，王子成父却去而复归。

郑文公见王子成父风尘仆仆，满面灰汗，十分惊诧，问道："将军为何去而复来？"

王子成父道："我家大王和管相国闻听楚国出兵侵郑，生怕郑国再遭劫难，便向外臣授以密计，让臣火速返回郑国。事情紧急，外臣

不敢耽搁，当即快马加鞭重返贵国。”

郑文公大喜道：“管相国有何妙策可退楚军？”

王子成父道：“可让贵国臣民四处传播，声言齐桓公率中原十万大军正火速向南进发，扬言‘不荡平楚国，誓不回师’。以扰乱楚军军心，延缓其进攻的势头，争取时间。并请大王约定日期，请郑国或君或臣，率领一支人马出虎牢关，屯于上蔡之地，等中原大军一到，协力伐楚。”

郑文公和孔叔听罢王子成父的转述，见管仲安排得如此周密，不由得对管仲又是感激，又是钦佩。郑文公一颗忐忑不安的心也才终于放了下来，抗击楚军之心更加坚定。

齐桓公三十年（前656年）春正月，齐桓公小白、鲁僖公申、宋桓公御说、郑文公捷、陈宣公杵臼、卫文公毁、曹昭公班、许穆公新臣，共八路诸侯联合伐楚。

不出管仲所料，蔡国没有出兵。齐桓公按管仲预先设谋，与另七路诸侯兵马会集后，先行讨伐蔡国，以示惩罚。

大军浩浩荡荡地杀向蔡国都城，谁知竟是空空荡荡的一座死城。

齐桓公见状，大惑不解，伐蔡之事乃是他与管仲密谋之事，知道的人甚少，会集王师后，口口声声均是讨伐楚国，从未提到过伐蔡之事，又是何人何时走漏了风声呢？齐桓公独自坐在中军大帐中，恼恨不已。

管仲却不动声色，请齐桓公升帐议事，说对蔡人潜逃空城之事自有交代。齐桓公将信将疑，只得召集齐国的谋臣将领议事。

众将陆续来到中军大帐后，管仲大声宣布蔡国君臣百姓先行潜逃，乃是有人泄露了军机，当以军法严厉惩处。

众将面面相觑，均不知是谁走漏了风声，竖刁也在角落中装作无事一般，眼角却不时地扫视着管仲，暗中窥测。

管仲向众文武百官扫视一眼，目光落在竖刁的身上，冷冷地问道：“竖刁，你可知是谁泄露了军机？”

竖刁身子一颤，接着嘿嘿干笑几声，故作镇静地道：“在下不知。”

管仲突然大喝一声：“刀斧手，将竖刁拿下！”

两边众甲士一拥而上，将竖刁掀翻在地捆绑了个结实。桓公和众将都很惊讶，目光一齐投向管仲。

竖刁死乞白赖地喊道：“冤枉！小人冤枉啊！”

管仲冷笑道：“不是你出使蔡国之时泄露了伐蔡之事吗？何冤之有？”

竖刁大声抗辩道：“竖刁在蔡国之时，守口如瓶，并无一字泄露，此事赖到竖刁头上，岂不是天大的冤枉吗？”说着，用乞怜的目光向桓公求救。

齐桓公果然迟疑着问：“仲父说是竖刁泄露了军机，可有什么真凭实据吗？”

管仲郑重说道：“此是人命关天的大事，大王以为臣能凭空捏造吗？”说罢，又盯视着竖刁冷冷地道：“看来，你是不见棺材不落泪了？”他向着帐外大喝一声：“进来！”

帐外一人应声而入，向齐桓公叩拜。

众人一看，却是竖刁出使蔡国时的贴身随从。

竖刁一见其人，顿时瞠目结舌，面如死灰，身子瑟瑟颤抖如筛糠。

管仲瞅着那随从威严地道：“讲！”

“是！”那随从答应一声，便当着桓公和众文武百官的面将竖刁出卖军机之事一五一十地讲述一遍。直听得众文武百官个个怒火中烧，咬牙切齿地瞪视着竖刁，恨不能将其一刀挥为两段。

原来竖刁到了蔡国，递上齐桓公檄邀出兵文书以后，见蔡侯不但仍是冷冰冰地接待他，而且派人在他所居住的公馆周围潜伏，暗中窥视他的言行。到了晚间，竖刁独坐室中侧耳细听，听到窗外有动静，知道有人伏在窗外偷听，便将计就计，嘿嘿冷笑着自言自语道：“咳！如此一个优美富庶之国，不日将要化为灰烬。想我竖刁虽有好生之德，也是无可奈何，可叹啊可叹！”

竖刁此招果然奏效，暗探将竖刁之语飞报蔡穆公。穆公惊疑不定，派宰相到公馆探听虚实。果然，夜深人静之时，蔡国宰相亲自前来嘘寒问暖，并送上珠宝玉帛各一箱，以示慰问。竖刁欣然受之。

翌日晨，蔡穆公一反常态，毕恭毕敬地来见竖刁，竖刁则大模大样，显得极为傲慢。蔡穆公心中虽然恼恨，但因有求于竖刁，亦不敢表露丝毫，强装笑脸道：“大夫是盟主的心腹之人，一定尽知盟主的心思吧？”

竖刁大大咧咧地道：“略知一二吧，但不知大王要问什么？”

蔡穆公哭丧着脸道：“因小妹不懂规矩，得罪了你家大王。本公又一时糊涂而出言不逊，你家大王乃是中原盟主之尊，岂能善罢甘休！今日传檄出兵，一定另有蹊跷，望大夫教我如何方能脱解，本公必有厚报！”

竖刁乃是宵小之辈，夜里得到了价值连城的珠宝玉帛，听说还有厚报，便如饮下了迷魂汤，早已飘飘然，忘记了自己的身份，遂将齐桓公大会七路诸侯，先讨蔡、后伐楚的重大军情，点滴不漏地泄露于蔡穆公。

蔡穆公大惊失色，对自己的草率行事懊悔不迭，想到楚国此刻面临大军压境，已是自顾不暇，蔡国国小力微，如何抵挡得住中原大军？他当即露出重与齐国修好之意。竖刁却生怕蔡侯顺服齐国后，泄露其收受贿赂私通敌国之事，便恐吓道："我国君主已对大王您恨之入骨，屡屡发下重誓要将蔡城夷为平地，以报夺姬受辱之恨。不日各国大军将汹涌而至。大王还是及早逃遁至楚国，方为上策。"

蔡穆公万般无奈之下，只好收拾细软，率领宫眷，凄凄惶惶地逃往楚国。百姓见国内无主，又听说中原大军将要屠城，顿时扶老携幼逃散一空。

竖刁自以为得计，便携带珠宝玉帛回归齐营。也是竖刁利令智昏，在做这笔无耻勾当之时，竟全然不避随从。安知随从在临行之前已受管仲重托，要他暗中监视竖刁的动静。竖刁自以为此事神不知鬼不觉，却不料一言一行均在管仲的掌握之中。

但竖刁终归是刁猾之徒，随着那随从的述说，他已渐渐冷静下来，想到那随从口说无凭，只要来个死不认账，又有齐桓公的袒护，量管仲也奈何他不得。果然，管仲再问时，竖刁狡辩道："相爷不要听这人满口胡言！这人一路上不安分守己，常做偷鸡摸狗之事，被在下多次严加斥责，所以怀恨在心，有意诬陷。望相爷明察，不要冤枉了好人。"

管仲冷笑道："我会明察的。"说罢，大声命令道："搜查竖刁的营帐！"

几名侍从应声而去，果然在竖刁的营帐中查获珠宝玉帛各一箱，与随从所说一般无二。管仲厉声道："人赃俱获，还有何狡辩？"

竖刁乞怜地瞅着齐桓公，身子早已委顿成一摊泥。

管仲黑着脸转向大司理弦宁，冷冷地问：“请问大司理，两军交战，接受敌国的贿赂，该当何罪？”

弦宁断然回答：“斩首！”

“故意泄露军机大事，该当何罪？”

“斩首！”

管仲再不迟疑，大喝道：“将竖刁推出去，斩首示众！”

竖刁没想到此事竟能致死，趴伏在地，向着桓公叩头如捣蒜，涕泣哀告：“大王救命！大王救命啊……”

齐桓公终于心中不忍，骂了一声“混账东西！”转而对管仲求情道：“竖刁私通敌国，罪该万死，但看在他为寡人自戕身躯和一心一意侍奉众位娘娘的份儿上，请仲父饶他一条吧。”

管仲当初答应调换竖刁出使蔡国，乃是知道竖刁利欲熏心，有大卫姬从中作祟，加之蔡侯的重金贿赂，必会泄露军机。如此，正可让蔡侯一走了之，避开一场杀戮，以免齐、蔡两国结下深仇大恨。又可乘机除掉竖刁。易牙、开方二人均看竖刁的眼色行事，乃是三恶之魁。打蛇先去其首，除掉竖刁，其余二人不足为虑，便可使齐国少了一大祸患。但齐桓公亲自求情，却又不能不顾及情面。于是，管仲喝道：“死罪饶过，活罪难免！拖下去重责三百鞭子！”

行刑士卒当即将竖刁掀翻在地，剥去上衣，开始行刑。这些士卒痛恨竖刁平日狗仗人势，作威作福，所以着力鞭打，“啪、啪”有声，一鞭一道血痕，直打得竖刁皮开肉绽，杀猪般号叫。

齐桓公不忍目睹，别过脸去。众将则暗暗称快。

打到后来，竖刁只有哼哼唧唧哀号呻吟之声了。打完鞭子，管仲命将人竖刁送回齐国，责其永世不得参与齐国政事。竖刁虽怀恨在心，但知管仲不论在齐国，还是在齐桓公心中，均是如日中天，要想扳倒他，实是如蚍蜉撼树。所以，只有在暗中咬牙切齿，诅咒管仲早死。不过，管仲在世期间，他确是收敛了凶焰，再也不敢为非作歹。

料理完蔡国泄密之事，齐桓公率大军正要向楚国进发，忽有许国率军大将宾虚啼泣着来报："我家大王不幸病薨于军中。"

齐桓公愕然道："昨日许公还好好的，怎地如此之快便去了？"

宾虚哭诉了事情的经过。

原来，许国接到齐桓公出兵助战之邀后，许穆公正抱病在身，听说各国均为国君亲自率师出战，自思也不可堕了许国的威风，同时也为表示许国忠于盟约，才亲自带病出征。没想到经此一路颠簸折腾，又染风寒，病越发沉重，终于溘然长逝。这显示了许穆公之守信之壮烈，却也证实了管仲一手造就的中原盟约现今已经是稳如磐石。

齐桓公大为伤感，率六国诸侯为其发丧，用高过许穆公爵位两级的"侯"的葬仪，将许穆公罩以衮衣安葬。这在当时并非破坏礼仪，周礼规定，凡为周天子作战而死于征途中，位加二等，可着衮衣安葬。许穆公为王师伐楚而亡，所以予以厚葬。

在举葬之时，齐桓公老泪纵横，痛致悼词："许公勤恳国事，一心事盟，小白敬佩之至而与公交厚，情同手足。公闻楚蛮肆虐中原，愤而抱病征战，不幸先薨，其勇其烈，可勉可嘉。原只望与公同为王室建勋，尚未出师，先折吾一臂。苍天何其不公！小白痛乎！哀哉！"悼罢，抚棺大恸。

众诸侯见齐桓公对一小国国君都如此动情，均大为感动，方知盟主为人情深义重，盟约也绝非一纸空文，事盟约之心也愈加坚实。

风马牛不相及

八国之师晓行夜宿，一路南进，直抵楚国疆界。齐桓公命安营扎寨，召众诸侯共同商讨攻楚之策。忽报楚国使臣屈完求见。

齐桓公一时默然无语，知道果然是竖刁泄露了伐楚军机。沉吟良久，方问管仲："楚使此来所为何事？屈完又是何等样人？"

管仲道："楚王早已知悉大王率师征讨其国，不以大军迎击，却遣来使者，以臣猜测，必是来游说大王的。对于屈完，臣也略知一二。屈完为人刚直，善能舌辩，位居令尹子文之下，同为楚成王的左膀右臂。"

齐桓公又问："寡人如何应对？"

管仲慨然道："大王自可放心让其进见，臣当以大义相责，使其自感理屈惭愧，能不战而使其屈服那是最好不过。"

"好。"齐桓公答应一声，便命楚使觐见。

屈完衣冠整齐，神色坦然，进入营帐后趋步上前拜见桓公："外臣屈完，拜见大王。"

齐桓公问道："屈大夫来此有何公干？"

屈完道："我国君主闻知上国大军将临于敝邑，命下臣屈完在此恭候多时了。今日终于得见中原盟主和管相国风采，实是外臣之幸！"

齐桓公见屈完举止端严，言语恭敬，便也和颜悦色地问道："屈大夫不会不知道吧，寡人率中原大军乃是来向楚国问罪的，你家大王还要大夫来此相候吗?"

屈完微微一笑，道："正是！我国君主要外臣在此相候，乃是有一事不明，要请教大王。"

齐桓公脸色一沉道："何事不明？道来!"

屈完道："齐、楚各居一方，齐国位居北海，楚国近于南海，可谓风马牛不相及。去岁，敝国也曾主动请求与贵国修好，却无回音。今日大王不问青红皂白，突率大军压境，敝国君臣实不知何故？敢请大王赐教!"

管仲见屈完神色恭敬，谈吐有致，但言辞中隐含着强硬和辛辣，果然不愧是楚国第一舌辩之士，如不先行驳倒他，何以降伏楚王?

管仲想到这里，冷笑一声说道："些许小事，不须盟主亲答。管仲久闻屈大夫乃有智之士，该不会不知道，昔日周成王封吾先君太公于齐，并赐命征讨大权吧。"

屈完看了一眼管仲，心道："这便是闻名遐迩的管仲管夷吾了，我当小心应对，以免堕了楚国的威风。"

想到这里，屈完答道："在下略知一二。"接着背诵道，"对于五侯九伯，如有忤逆朝廷之举，均可代行讨伐，以夹辅周室。其征伐范围，东至大海，西至黄河，南至穆陵，北至无棣。"

管仲见屈完对齐国的历史如此了如指掌，心中暗自佩服。但他面上却神色不动，又问道："大夫可知，楚国当在征伐范围之内?"

屈完平静地回答："知道，但不知楚国犯了何罪，要大王率八国大军前来讨伐？楚国总不能无罪而受伐吧!"

管仲冷笑道："楚国居于南荆之地，自应岁岁向王室进贡包茅，以助周王天子祭祀众神。可楚国久不进寸草，致使天子无物滤酒，无法祭祀，才使众神动怒，王室凋落，这是其罪之一。十数年来，楚国仗恃着国大兵强，屡屡侵扰郑、宋，使其两国穷于应付，社稷不稳，百姓不安，这是其罪之二。郑、宋乃是中原盟约之国，我家大王身为中原盟主，承蒙周天子之托，岂能见其盟国饱受战乱之苦而坐视不救吗？这又岂是大夫所言'风马牛不相及'？楚国此两大罪状，天下有目共睹，大夫还有何说？"

屈完久闻管仲之名，文韬武略皆臻化境，辅佐齐桓公霸主中原，长盛不衰，今日听其一番言词，引经据典，咄咄逼人，果然煞是厉害。但他最担心的却是管仲质问楚国僭号称王之事，若问，他实是无言以对。他不知管仲为何避而不谈，却以琐事相质。管仲不问，他乐得不答。屈完的语气顿时和缓下来，但也不能堕了楚国的威风，于是以守为攻地辩解道："管相国所言固然句句是实，却是只知其一不知其二。敝国朝贡久废确是实情，但却是周室朝廷失其纲常、无力统治天下在先，并非因缺了楚国包茅滤酒，触怒众神所致。何况，据屈完所知，天下诸侯又有几家朝贡了？岂唯南楚一家？虽然如此，听闻贵国君臣为事王室，不辞劳苦，千里奔波至敝国，敝国大王大为感动，欣然答允如常进贡包茅，特命微臣前来向中原盟主并各家君侯言明。此事已善为了结，大王总不会因一茅草而与敝国兵戈相向，杀个昏天黑地，涂炭生灵吧？"

管仲见屈完对答如流，也不由得暗自佩服他的应变之才，接口说道："朝贡之事，如大夫所言是实，那自是再好不过。可侵扰郑、宋之事，却又作何解释？"

屈完一时无言以对，稍一沉吟，方道："古语说，兼听则明，偏听则暗。管相国远居北地，又怎能偏听偏信郑、宋一面之词呢？"

管仲冷哼一声，紧追不舍："诚如大夫所言，倒是郑、宋两国以其弱旅，屡屡欺侮强楚了不成？"

屈完到底不愧为楚国的雄辩之才，对于管仲的步步紧逼，仍能不慌不忙地回答道："郑、宋两国左右摇摆，盟不终一，今日盟楚，明日盟齐，所以才招致兵祸。假若现今郑、宋背弃齐国，复与敝国结盟，齐国又岂能坐视不管，不来讨伐吗？"他不想再与管仲争辩下去，接着大声道："敝国大王遣屈完前来，是为言明进贡包茅之事。至于郑、宋，既与齐国结盟，如彼不先滋扰生事，楚国自会与其相安无事。"

屈完说完这番话，即告退返楚。

齐桓公见屈完离去，问管仲道："听屈完之言，仲父以为，楚国是决意一战呢？还是意欲求和？"

管仲略一沉吟道："楚王欲图中原已久，楚军也颇为强悍，决非仅凭口舌之辩可以使其屈服。且，屈完所言乃是试探口风，并非屈服之意。依臣之见，仍以大军进逼为上，到时见机行事。"

齐桓公即传命八路兵马同时向楚地纵深进发，直至楚国腹地的陉镇（今河南偃城县南），方才停顿下来。这时，大军已逼近汉水，只要渡过汉水就可直逼楚国都城郢。齐桓公下令："大军就地屯扎待战！"

齐桓公召集众诸侯至中军帐议事。

众诸侯皆对突然停止进兵疑惑不解，郑文公最是担忧，问道："大军已深入楚国腹地，正可乘势渡过汉水，与楚军决战，为何反而滞留此地不进？"

管仲解释说："楚国派遣屈完前来，一是试探，二是向中原之军

显示，楚军早有防范。我中原之军虽声势浩大，但经过长途行军，跋山涉水，已是人困马乏，而楚军则是以逸待劳。我以疲惫之师攖其锋，必不利。”

郑文公蹙眉道：“如管相国之言，八国大军知难而退，岂非前功尽弃了吗?”

“大王少安毋躁。”管仲看着郑文公微笑着道，“臣观屈完之意，楚尚在战与和之间游移不定，如仓促交锋，则不可复解，就只有决战一条路了。今我屯兵于此，遥张声势，正是为了迷惑楚军。楚既惧怕八国之兵势大不敢主动交锋；又不知屯兵此地为何意。数万大军驻扎在国家的腹地，楚国君臣必是夜不安寝，食不甘味。日久，必将再次遣使前来，那时强楚即可降伏了。中原之师以讨伐楚国而大动兵戈，以不伤一兵一卒而降伏楚国，岂不是美事一件?诸位君侯自管安心等待，管仲自有平楚之计。”

楚成王听说中原大军到达陉镇后，便安营扎寨，再不见动静。楚成王不知何意，召集群臣商讨对策，斗章等一干武将要战，屈完等一班文臣要和，一时议决不下。最后还是子文献计道：“管仲文韬武略，极善用兵，没有必胜之把握，决不会草率发兵至楚。今以八国之师，逗留于陉镇不进，管仲必有奇谋，我军决不可轻举妄动。”

楚成王虽口吐狂言，但要真与八国诸侯大军交锋厮杀，他心里也实在没有必胜之把握，所以并不力主决战。听了子文所言，便问：“如卿之见，寡人如何行事?”

子文道：“当派遣使臣再往齐营，待弄清其虚实和意向之后，大王或战或和，再决定不迟。”

楚成王点头同意，鉴于屈完能言善辩，且与管仲有一面之交，仍派遣他前往齐营。

屈完已深知管仲之能，又已见识到中原大军之盛，知道以楚一国之孤旅，决难与之抗衡，所以力主与中原各国请和修好。见楚成王仍派遣他去齐营，便提议道：“由于楚国缺贡包茅，成为北军以王师之名问罪楚国的借口。臣前次见齐桓公，斗胆代大王承认其咎，并非示弱，而是意在罢兵修好。现今，大王如若有请盟之意，臣当再往齐营，勉力说和，以解除齐、楚两国之纷争。其余七国，唯齐桓公马首是瞻，齐国一和，七国不战自退。大王如欲与中原大军决一死战，恕臣口拙力微，请另行派遣能者吧。”

楚成王对屈完的直爽甚是嘉许，知臣者莫如君，他也深知屈完非等闲之辈，去齐营必不会堕了楚国的威风。于是鼓励他道：“是战是盟，任卿见机而行吧，寡人授权于卿，决不相责！”

屈完之才欣然受命再次来到齐营，请求进见齐桓公和管仲。桓公不知屈完复来何意，问于管仲。管仲道：“必是请盟，大王应以礼相待。”说罢，管仲亲出帐外相迎，与屈完互致问候，携其手进入大帐。屈完甚感亲切。

屈完拜见齐桓公。齐桓公答礼，问其来意。

屈完到了齐营后受到管仲的热诚相待，和意更决，见齐桓公问，便不再绕弯遮掩，坦诚说道：“因敝国不纳贡之故，致累大王兴师动众，千里南征，敝国大王深感其咎，今令屈完再来致歉谢罪，并有意与齐国修好。”

齐桓公看看管仲，管仲替桓公答道：“但不知贵国有何要求？”

屈完道：“没有大的要求。只是中原大军长驱直入敝国腹地，如城下请盟，世人均以为楚国乃是迫于威势而降服，我家大王还有何颜

面见楚国百姓？屈完斗胆请大王屈驾退师三舍，以示尊重敝国，屈完一定说动我家大王与大王您握手修好，永不反悔！但不知大王对敝国有何要求，方能退师？”

齐桓公听从管仲之议，也有与楚国罢战讲和之意。见屈完所言甚是明快，便也说道：“屈大夫贤明，辅佐你家大王再重修朝廷旧职，并复贡包茅，使寡人能向天下人扬言，楚国已尊奉周礼就可以了，其余复有何求！”

屈完大喜，连连称谢。

齐桓公道：“寡人已经答应与贵国结盟，下面就是你和管相国的事情啦！”

屈完即拜别齐桓公，由管仲相引到其帐中商讨结盟的细节。

屈完见管仲名贯天下，却无丝毫盛气凌人之态。大兵压境，却又不贪功冒进，统御数万大军，竟能指挥若定，收发自如，不由得大为敬佩。管仲见屈完坦然自如，不卑不亢，做事更是当机立断，毫不拖泥带水，与自己性格大是相近，也是颇感亲近。二人虽各为其主，但互敬互重，秉烛夜谈，越谈越是投机，竟大有相见恨晚之意，遂引以为友。翌日晨道别之时，更是互为勉励，由屈完说服楚王，由管仲说服齐桓公另七国诸侯。这才致礼相别。

屈完回到楚城，即向楚成王和令尹子文详述了出使齐营的经过。最后道：“齐侯已向臣作了重诺，八国之师即刻撤后三十里，以示对楚国和大王的尊重。臣则代大王允诺，即向周室朝廷复贡包茅，大王可不能失信啊！”

两日之后，屈完果然再入齐营。他先去拜见管仲，送上两辆遮掩甚密的戎辂，再向齐桓公献上犒军之物。

齐桓公当着屈完之面，即命人分派给另七国诸侯。而后亲自验过包茅，仍令屈完带回，由楚国自行进贡。一切交接完毕，各自松了一口气。

齐桓公方扬扬得意地对屈完道："大夫可曾目睹过我中原大军?"

屈完一见齐桓公的口气和神色，便知何意，故意道："屈完僻居南疆一隅，眼界狭小，无缘得瞻中原大军之声势，常引以为憾，如大王不吝，外臣愿借机一观。"

此言正中齐桓公下怀，当即命侍从备车，与屈完观赏八国大军的营寨。管仲亦知桓公的用意，悄声嘱咐道："屈完乃是楚国的贤明之士，大王切不可失了礼数。"桓公微笑不语。

齐桓公与屈完同登兵车，遍游八国营寨。

屈完见八国兵马各占一方，络绎数十里不绝，军纪肃整，旗甲鲜明，不由得暗自心惊，庆幸没有仓促与之交锋，否则以此声势，加上齐桓公、管仲统军之能，楚军安能不败！虽如此想，但他的神色仍很坦然。

兵车行至鲁营时，突然中军大营鼓起，另七方大营鼓声遥相呼应，顿时如万马奔腾，山洪倾泻，雷霆轰鸣，果然有着惊天地泣鬼神的威势。

齐桓公开始还将管仲的嘱托放在心上，言谈谨慎。他的目光不时地瞟向屈完，以观察屈完的反应，听到鼓声震荡四野，他终于掩饰不住心中的得意，看着屈完豪气地道："寡人以此大军征战天下，谁能抵御？以此大军攻城，何城不克？以大夫观之，中原大军比之楚军如何?"

屈完面无惧色，微微一笑，语含讥讽，道："据外臣所知，大王

所以主盟中原数十年而不衰，乃是由于周天子的重托，大王的贤明豁达，管相国匡时济世的才能，三者缺一不可，又岂是因为仗恃此兵戈之威？以外臣浅陋之见，大王若能一如既往，以天下黎民百姓为重，广施德义于诸侯，有令则行，有禁则止，不怒而自威，天下谁敢不服？但若恃众逞强，别说中原诸侯未必肯服，便是偏小如楚国，有方城山为城墙，以汉水为池，池深城峻，加上众人一心，大王虽有百万之众，千乘兵车，又能奈我何！”

齐桓公听了屈完之言，面露惭色。他这才明白不听管仲嘱托，果然是自取其辱。但他到底胸怀大度，见屈完浩然正气，不由得为之钦佩，脸色微微一红，口气登时转为谦和，道：“果如管相国所言，大夫果真大智大贤之才！”

次日午后，齐桓公在召陵（今河南漯河境内）设立盟坛。

齐桓公执牛耳为主盟，管仲为司盟。屈完称奉楚君之命，与各家诸侯讲和修好。共定盟约：“自今以后，楚国与中原齐、鲁、郑、宋、陈、许、曹、卫之国世通盟好，永不相欺。苍天可鉴！”

而后，齐桓公率先歃血，七国诸侯与屈完依此受歃，完成盟约仪式。

自此，由于管仲之谋，屈完之力，齐桓公之贤，终于避免了一场牵动十余个国家的南、北大战祸。

葵丘会盟

周惠王的皇后原为姜氏，生子名郑，已立为太子。突然姜氏得病去世了，便由妃子陈妫继为皇后，史书上称为惠后。惠后也生有一子，名叫带。这母子二人工于心计，善于逢迎，因而王子带深受周惠王的宠爱，朝中呼为太叔。太子郑失去了母亲也就失去了内援。惠后却能在周惠王枕边耳畔百般滋润，逐渐地周惠王便有了废嫡立庶的念头。太子郑自然有所察觉，只是无可奈何，整日独自发愁，以泪洗面。

就在太子郑无计可施之时，恰巧齐国的大夫隰朋到周王室来报告召陵之盟的事情。他汇报完之后顺便向周惠王请求要见一见太子郑。这一要求按理来说是非常正常的，也是合情合理的，但隰朋却看到周惠王满脸的不高兴，似有难言之隐。尽管不高兴，周惠王却又不敢得罪大国的使者，只好让太子郑与王子带一起出来拜见隰朋。周惠王在介绍时，主要夸奖了王子带多么聪明能干，对太子郑却没有任何介绍。聪明绝顶的隰朋见此光景，心中早就明白了八九分。回到齐国后他对齐桓公说："天子偏爱王子带，太子郑的位置恐怕保不住了。这样，周室又将要乱了！"齐桓公听罢心中不悦，他说："为了王位继承问题，王室已经发生了几次内乱，难道这样的悲剧还要重演吗?"于是他召来管仲商议弭乱的对策。

管仲说："太子不被周王喜欢，处境危急，同党之人必然很少。您可以上表天子，请太子出来参加诸侯的盟会。太子的名字一旦写进盟书里，君臣的名分就确定了，周王即使想废立也难了！"桓公按照管仲的意见派人约定各国明年夏天在卫国的首止（今河南睢县东南）会盟。同时再次派隰朋入周，对周惠王说："诸侯们都希望一睹太子的风采，请太子亲临盟会以表达诸侯们的尊王之情！"周惠王虽然不想让太子郑参加盟会，但因齐国势力强大，隰朋说得又名正言顺，无法拒绝，所以只好答应了。

第二年（前 655 年）春天，齐桓公派人先在首止修筑行宫以待太子驾临。八月初一，秋风送爽，瓜果飘香，齐、宋、鲁、卫、陈、徐、曹、郑等八国之君，齐集首止。齐桓公率领各位诸侯和太子郑一起登坛。桓公对太子行礼，太子郑一再谦让，坚持要用宾主之礼相见。桓公说：小白等愧在封国，见太子如同见王，怎敢不行稽首之礼！于是桓公率八国之君歃血为盟，盟辞说："凡我同盟，共翼王储，匡靖王室。有背盟者，神明殛之！"太子郑作揖及地，十分感谢诸侯的拥戴大恩，众人慌忙沿阶而降，再拜于坛下，对太子行稽首之礼。第二天，太子郑返周，八国诸侯率领车徒护送，齐桓公与卫侯又一直送出卫国国境，方才拱手互道珍重，依依而别。周惠王见诸侯们都心向太子，废嫡立庶的念头就只能打消了。不久，周惠王病死了，齐桓公又应王子郑的约请派隰朋率领各国大夫入周，会同王朝卿士共同拥戴太子郑继位，这就是周襄王。

周襄王元年（前 651 年）春祭之后，周襄王突然想起齐桓公安定王室的巨大功绩，想到自己之所以能保住太子之位，能继位为君，全凭齐桓公的巧妙安排与周旋，没有齐桓公，也就没有我周襄王。想到这里，他便唤过太宰周公孔来，要他作为自己的代表，把献于文王、武王灵前的祭肉分出一块赐给齐桓公。按照当时的风俗习惯，这可是一种莫大的荣耀，所以早有探事者向齐桓公通报。桓公决定要乘机大力宣传，向天下夸耀。于是分头约请诸侯齐聚葵丘（今山东淄博境），举行盛大的迎接祭肉的仪式。

相会之日，衣冠济济，旗帜如林，环佩铿锵，鼓声雷鸣。诸侯们先让天子使者登坛，然后依次而行。坛上设置了天子的虚位，诸侯面北拜稽如同朝见天子一般，然后依次就位。太宰周公孔捧着祭肉面东而立，传达新王的命令说：天子祭祀了文王与武王之庙，让小臣孔赏赐伯舅一些祭肉。齐桓公准备下阶拜谢、接收祭肉，太宰孔赶忙制止说："天子有命，因伯舅年迈，多加慰劳，无须下拜！"齐桓公正准备照此去做，管仲在旁低声道："天子对臣下谦逊，臣下更应对天子尊重才是。"齐桓公立即领悟管仲的用意，赶忙大声对众人道："尽管天子体恤臣下，但小白始终不敢忘记自己的身份，倘若不敬天王，上天的惩罚就不远了。"齐桓公急步走下台阶，再拜稽首，然后再登坛领受祭肉。诸侯们见桓公如此有礼，尊重天子，会场的气氛也因此变得更加肃穆。与祭肉同赐的还有彤弓矢和大路。彤弓矢原是指红色的弓和箭，大路是指诸侯入朝周天子时乘坐的大车。在周代，这些都是天子最高军事指挥权的象征。周襄王用这些赏赐齐桓公，表明周王朝已经正式承认齐桓公在诸侯中的领袖地位。这表明齐国的霸权不仅得到了周王朝的正式承认，也表明其霸权达到了顶峰。

齐桓公深切地感受到自己的威望已达到了巅峰，于是又率领诸侯重订盟约，要各诸侯共同遵守，盟辞的主要内容是：不准堵塞泉水，不准囤粮不卖，不准废嫡立庶，不准立妾为妻，不准妇人参政，

不准杀戮大夫，不准赏而不报盟主等。这些规定有利于加强各国之间的团结互助，也有利于安定内部的统治秩序，因而诸侯们都乐于接受，大家一齐立誓说：凡我同盟，言归于好，订盟之后，共遵约束，毋背盟约！

齐桓公回到临淄后，感到功德圆满，该享受享受了，于是大建宫室，务求壮丽。凡乘舆服饰一切用器皆如天子，国人多议论他僭越。管仲见此，也在府中筑台三层，号为“三归之台”，意思是说，“人民归，诸侯归，四夷归”。又立塞门，以隔内外。设置反坫，以待列国使臣。鲍叔对管仲这些僭越的做法感到不解，就问管仲说：“君王奢侈你也奢侈，君王僭越你也僭越，不应该吧！”管仲道：“人主辛劳建功立业，也图快意为乐。如果总用礼法去约束他，他就会生懈怠之心。我之所以这样做，就是为国君分谤啊！”

齐桓公晚年，晋国兴起

管仲病危之时，齐桓公去探望，眼见管仲是难以痊愈了，于是同他谈起了谁能做他的接班人的问题。

齐桓公委婉地问道："仲父的病很重了，这是毋庸讳言的。若不幸而此病不愈，国家大政我将转托给谁呢？"

武献兴晋

正当东方齐桓公霸业衰落、宋襄公想当霸主的美梦破灭时，新的争霸人物——晋文公却出现于北方的晋国。

晋文公的一支出自成师。成师是晋穆侯的第二个儿子，是晋国的小宗庶支。成师的侄子晋昭侯把他这位叔父封在曲沃，称为曲沃桓叔，作为国君的辅佐。不想桓叔不甘居下位，他聚集力量，收揽人心，不久就形成足以同国君对抗的一支势力。公元前 739 年，大夫潘父杀死昭侯迎接桓叔为晋君，晋人反对，只好退回曲沃，后晋人立昭侯的儿子孝侯为君。

桓叔死后，其子庄伯继位，他在公元前 723 年直接出兵攻杀了孝侯，但仍然遭到晋人抗拒。晋人又拥立孝侯弟郄为君，是为鄂侯。公元前 718 年，庄伯联合郑、邢等国攻鄂侯，这次行动还得到周王室支持，鄂侯逃到随邑（今山西介休县东南）。不久周桓王又改变了支持庄伯的立场而立鄂侯的儿子光为晋君，就是晋哀侯，并命虢公率军攻击曲沃。这时晋国有三君并存：哀侯又称翼侯、鄂侯和曲沃庄伯。

公元前 716 年，庄伯死，其子武公继位，他在公元前 709 年攻杀哀侯，接着又先后杀死小子侯和缗侯。公元前 679 年，晋缗侯被攻杀后，武公实际上已灭亡了原来大宗的公室，控制了整个晋国。他把晋公室的宝器都送给周王室。这时周桓王已死，周僖王受了晋武公的贿赂后，就正式封武公为晋侯，允许拥有一军的兵力，但仍是一个小国的规模，力量并不很强。

从桓叔初封到武公攻杀缗侯受封为晋侯，经历了 67 年的斗争，晋国的小宗终于统治了晋国。

武公受封后两年就去世了，其子献公立。献公鉴于桓叔族人力量强盛将危及国君地位，就让士为设计把其子弟除掉。士为先挑拨宗室子弟间的关系，让他们攻杀了宗室中最强的游氏之族。其后又在聚邑（今山西绛县东南）筑城，把桓叔和庄伯的子孙都迁居到那里。不久，献公亲自带领军队包围聚邑，又将他们全部消灭，可见统治阶级内部争权斗争之残酷。

晋献公消除了威胁他君位的势力后，就安心专力向外扩展了。

晋献公在公元前 672 年灭掉骊戎在（今山西晋城沁水东）。公元前 661 年建立上下两军，扩大一倍军力，同年又灭掉耿、霍、魏三国，次年命太子申生进攻狄人东山皋落氏。公元前 658 年，献公命大夫里克、荀息率军进攻虢国（今山西平陆、河南三门峡一带）。

虢国的北面是虞国在（今山西平陆县），是古公亶父之子虞仲的封国，晋国伐虢，虞国是必经之地。荀息知道虞君贪财，就让献公用屈地产的良马和垂棘出的好璧向虞君借路。虞君见了两种珍宝，不但同意借道，还答应配合晋国的军事行动。两国军队很快攻下虢国的重镇下阳（今山西平陆县东北）。

过了三年，晋国再次向虞借路伐虢国。这时，虞国大夫宫之奇劝虞君不要借路，他说，虞虢两国相依为命，就像唇和齿一样“唇亡则齿寒”。但虞君不听宫之奇的，仍然同意借路。这次，晋军攻下虢都上

阳（今河南陕县），灭了虢国。在回师的路上，果然顺手牵羊地把毫无防备的虞国也给灭了，虞君终于成了晋国的阶下囚。原本晋送虞的良马和璧又回到晋君手里。

晋灭了周围一系列国家，其疆域西到黄河与秦为界；西南到三门峡一带，扼住了桃林关塞；南到晋豫交界处；东达太行山；北与戎狄相接，成了北方的大国。

晋献公与骊姬

公元前 652 年，齐桓公在葵丘主持盛大盟会，晋献公因为重病缠身，没有赴会。

晋献公是晋武公之子。因晋武公当了三十九年的国君，所以晋献公继位时年龄已不小。晋献公有八个儿子，其中太子申生、公子重耳（后为晋文公）、公子夷吾（后为晋惠公）都有贤能德行。

晋献公五年（前 672 年），晋献公出兵征伐骊戎，得到骊姬和她的妹妹，晋献公对她们姐妹宠爱有加。几年后，骊姬生下一个儿子，叫奚齐。自骊姬生子后，晋献公就疏远了太子申生和重耳、夷吾，并产生了废掉太子的想法。他说："曲沃是我的祖先宗庙所在之地，蒲邑邻近秦国，屈邑邻近翟地，不派有能力的儿子镇守这些地方，我有点担心。"于是派太子申生居住曲沃，派公子重耳居住蒲邑，派公子夷吾居住屈邑。而把骊姬和奚齐母子留在自己身边。他的刻意安排使晋国人都知道太子将被废掉。

晋献公私下对骊姬说：“吾欲废太子，以奚齐代之。”骊姬假惺惺地哭着说：“太子之立，诸侯皆已知之，而数将兵，百姓附之，奈何以贱妾之故废嫡立庶？君必行之，妾自杀也。”她表面上夸奖太子，暗地里则指使人说太子的坏话，恨不得早日废掉太子，改立自己的儿子奚齐。

当申生来到都城时，骊姬对申生说：“君王昨晚梦见你的母亲齐姜，你赶快到曲沃去祭奠她，回来后将祭肉献给君王。”太子于是马上到曲沃祭祀他的母亲齐姜，回来后将祭肉送给献公。当时献公出外打猎未回，申生遂把祭肉留在宫中，骊姬就派人在祭肉里下了毒药。两天后，献公打猎回来，厨师拿出祭肉，献公刚要吃，骊姬在一旁阻拦说：“祭肉是远方送来的，应进行检测。”于是把肉汤泼在地上，地面立即鼓了起来；再拿肉给狗吃，狗一吃就死了；又拿肉给太监吃，太监也死了。于是骊姬哭着说：“太子怎么忍心这样做呢！对于生身父亲都想谋杀取而代之，更何况他人？再说国君已经老了，已是有早晨没晚上的人了，居然就不能等一等，而非要下此毒手！”献公信以为真，勃然大怒，立刻杀了太子的师傅杜原款。

太子听说此事，只身逃往新城。当时重耳和夷吾也在都城里，骊姬对献公说他们也知道太子的阴谋，重耳和夷吾听说后马上逃回自己的封地，据城自守。有人对太子说：“这分明是骊姬下的药，您为什么不到国君面前说清楚呢？”太子说：“父亲已经老了，没有骊姬就寝食不安，如果我说出真相，事情会闹得更大。”有人劝太子逃奔他国，太子说：“我背着这样的恶名逃亡，有哪个国家会收留我呢？我只有

自杀一条路了。”后来申生自杀于新城。

随后晋献公派兵讨伐重耳和夷吾，这两人分别逃到蒲城和屈城。晋献公听说了，便派宦官勃鞮来刺杀他们。重耳事先闻讯匆匆而逃，身高力大的勃鞮赶到，重耳只得越墙而过，勃鞮斩去了重耳的一块衣袖，重耳总算捡了一条命。

《史记》记载，当初晋献公即将讨伐骊戎时，曾卜了一卦，卦辞说：“祸害源自小人的谗言。”等到攻破骊戎，得到骊姬，献公宠爱她，竟然因此扰乱了晋国。

里克连弑二君

公元前651年，晋献公自觉命不长久。死前，献公安排后事，最放心不下的就是骊姬与其子奚齐。献公清楚晋国满朝文武只有荀息绝对忠于自己。弥留之际，他将荀息招到自己榻前，问：“我将小儿子奚齐托付于你，你将如何对待?”荀息叩头回答：“臣竭其肱股之力，加之以忠贞，其济，君之灵也；不济，则以死济之!”于是晋献公拜荀息为相国，主持朝政。

几日后，一代雄主晋献公终于走完了他的一生。相国荀息按照献公的遗命，奉奚齐为晋侯，骊姬为国母，自己当上了相国，总管国家大事，另外曾经帮助骊姬夺嫡的外臣梁五、东关五也得以加封为左右司马，率领晋兵，悄无声息地就对军事大权进行了调整。本就对骊姬一党甚为不满的里克等人看见别人抢夺他们的军权，更是愤恨，就在这时，以里克为首的诸公子党羽终于要发难了。里克拉拢老战友邳郑父等人欲行废立之举，纠集原三公子之徒作乱，指责荀息："主公刚去世，重耳、夷吾二位公子还在外边，你身为国家大臣，不迎长公子就位，却扶立了小老婆生的孺子，恐怕说不过去吧？"并警告"三怨将作，秦晋辅之，子将何如？"但愚忠的荀息并不买账，信誓旦旦地回答："我已经向先君发誓，要使'死者反生，生者不愧乎其言，不可以贰'，我难道还能改口，爱惜自己的身体吗？尽管我这样做可能没什么益处，但忠于先君之心不可更改，大不了一死而已！"

当年十月，里克、邳郑父收买了个大力士，给他换上晋君卫队的服装，混杂在卫队里，在给献公办丧事的时候，把幼主奚齐刺死在灵堂上。这时，灵堂内外一片哭喊声。荀息苦心经营一场，落到这等地步，不禁伏在献公柩前痛哭起来，说着就要碰柱而死。

这时候亲信劝说道："幼主虽死，还有卓子，也是可扶立为君嘛。"荀息听着有理，抖擞精神，杀死了数十名守灵的卫士，另派可靠的卫队守灵。

荀息把丧事草草办完，又赶快召集文武百官把九岁的卓子扶上王座，立为新的国君。

左司马梁五见大臣里只是缺少里克、邳郑父，便奏本说："幼主的死里克一伙一定脱不了干系，今天众大臣都来朝祝贺新君偏偏不见这两个人，请立即派兵去捉拿。"

荀息说："司马不必疑心，里克、邳郑父是先君的老臣，哪会做这不忠不孝的事呢！"这个却是荀息的自欺欺人，明知是里克所为，却

为了晋国朝堂的大局稳定，不便再生事端，的确是忠心可嘉，只是太过迂腐。

里克见荀息冥顽不灵，于十一月，又杀卓子于朝堂，荀息在悲愤中自杀，晋国大乱。晋献公诸子竟无一人在朝，死的死，逃的逃。

晋献公身前的文臣以荀息、士为为首，专门为献公出谋划策。武将以里克为首，邳郑父为辅，是献公的爪牙，主要掌管军政要务，手中握有实权。连接文臣武将的纽带便是国君献公，一旦国君崩逝，新主又不能驭制臣下。那么文臣若不依附武将，便完全失去了用武之地。不管荀息如何多谋，如何忠心，都是无济于事。这样的混乱场面，是献公的一意孤行，是骊姬的一厢情愿共同造成的，全国人民都在高喊着“打倒骊姬！”大公无私的荀息就是在这样的绝望中选择了自杀。可以说自骊姬害死申生，逼走重耳、夷吾那一刻，也为自己敲响了丧钟。真是害人终害己。

惠公继位

里克主谋，弑了两个幼主，暂时掌握了国家生杀大权。国不可一日无君，在申生死后，晋国的诸大夫们便多数心向重耳。里克更是认为重耳是继申生后的不二人选。于是与朝中权贵们一议论，决定拥立重耳，于是派狐突去翟国，去请公子重耳回来做国君。这些年，父亲晋献公发起的各种血腥的政变历历在目，重耳也害怕了，与亲信狐偃、赵衰一合计，太危险，性命第一。重耳不清楚国内的具体情况，回复说："我父亲在世的时候，我违命出逃；父亲去世后我也没有尽孝，哪还有脸回去当国君呢?"就这样，重耳婉言谢绝了，并与国君的命运失之交臂。

重耳的推脱，让里克颇为失望，于是里克便选择公子夷吾。里克又派屠岸夷、梁由靡两位大夫去梁国招夷吾。夷吾与他的智囊团吕省、郤芮一商量：可以是可以，但依靠着里克继位不安全，里克才杀了自己两个弟弟，如果他看我不顺眼，没准把我也杀了。郤芮出谋："要做国君，应有贤臣、睦邻这两条。现在里克、邳郑一班老臣在朝主事，西边的秦国势力最强。咱们先用厚利收买他们，取得内外的支持，才能返国。"夷吾采纳了郤芮的意见命人写了两封信，托屠岸夷带给里克和邳郑父，信中高度赞扬了里克身居虎穴，铲除奸贼，为晋国立了大功，然后又向里克等权臣承诺，待自己做了国君，便封他为相国，并封给里克土地一百万亩，封给邳郑父土地七十万亩。同时夷吾还特意写了一封长信，派人送给秦穆公，求他出兵助自己返国，答应事成之后，将晋国河西的五座城池划归秦国。秦穆公正欲与晋国联手共谋中原，既然夷吾都派人来请求出兵，协助夷吾回国继位，很干脆就答应了。

秦穆公派公孙枝带兵辅助夷吾回国，是为晋惠公，时年（前650年）。晋惠公即位后，重用原忠于自己的亲信，对里克的承诺只字不提。秦将公孙枝向晋惠公讨要土地，晋惠公有些舍不得，吕省很生气："把河西五城划分给秦国，我们自己就所剩无几了！"里克说了句牢骚话："既是先君打下的江山，当初何必许人呢?"郤芮斥责里

克：“你这分明就是讨要自己那一百里封地！”站在一旁的邳郑父担心里克言语过激，便用肩膀碰了下里克，里克也知自己口头上有些过分，便住口了。

里克身死家灭

晋惠公即位后，对权臣里克总是放心不下，担忧自己会如奚齐、卓子一样被弑，为了压制里克，在军政要务中多安插自己的亲信，以削弱里克的军权。里克也深感伴君如伴虎，拥立夷吾没有捞到任何好处，反而权利不断被人渗透，深恐朝不保夕。这时候的里克看出了晋惠公的贪婪，甚为后悔，心念重耳，又起废立之心。君臣间的矛盾日益加深。

吕省便向晋惠公献策：为了进一步瓦解里克集团，同时为了答复秦穆公，应派遣里克的副手邳郑父携带着一些金银珠宝前往秦国作为报答。

郤芮暗中提醒晋惠公：“里克不怀好意，不满国君夺了他的大权，又不肯给他的封地，早就对主公不满了。邳郑父临走时，他俩又不知在嘀咕什么，其中必定有鬼，不如趁早杀掉，以绝后患！”晋惠公很虚伪地求情：“里克是朝中元老，大功臣，怎么可以杀掉？”郤芮提醒惠公：“里克连杀两君，逼死前相国荀息，罪大恶极，君主念他回国保驾的功劳，这是私事；清算他杀君乱政的罪行，才是公事。国君怎能以私利而忘公义呢？”晋惠公沉思片刻：“你看着办吧！”

郤芮早已与里克不和，窥见晋惠公一动杀心，便带领着郤氏亲兵包围里克家，晋惠公派人向里克喊话：“如果没有您，我就不能做国君。虽然是这样，可您杀掉了两个国君，逼死了一位大夫，做您的国君，岂不是太难了吗？”

英雄末路，里克仰天长叹：“没有奚齐、卓子的被废，君侯您又怎么可能得志呢？想要给别人添加罪名，还怕没有话可说吗？下臣明白了。”（成语“欲加之罪，何患无辞”就出于此。）说完里克拔剑自刎。

晋惠公终于可以暂时歇一口气，然而晋国的内乱并没有因为里克的死而彻底平息。先去秦国的邳郑父提醒秦穆公：“吕省、郤芮、郤称都不同意给秦国土地。我回国后，秦伯你用厚礼招郤芮他们到秦国来，我与里克在晋国举事，废掉惠公，秦伯你再让重耳回国即位，大事成矣！”

公元前650年冬，秦穆公派冷至去晋国回聘，并向吕省等赠送彩礼，并召请他们三人。郤芮看出了这是秦穆公的阴谋，于是鼓动晋惠公杀掉邳郑父、祁举与七个舆大夫，一举铲除里克余党。

晋惠公屠杀群臣，固然在一定程度上稳固了统治，却也弄得晋国人心惶惶，朝中人人自危。晋惠公深知自己只是重耳的替补，至少在里克看来就是如此，只要重耳还在，他的江山就坐不稳。

公子重耳流亡

重耳被勃鞮追杀，一路逃到了翟国，翟国是他母亲的祖国。这年重耳四十三岁，跟随他到达翟国的除了狐毛、狐偃、赵衰、魏犨、介子推等贤人之外，其余不出名的有几十人。

翟国国君对他很好，给重耳娶了一个翟国老婆，生了两个儿子。重耳在翟国住了五年。晋献公死后，里克派人接他回去做国君，他害怕回去被杀，没有答应。后来，夷吾，也就是晋惠公成了晋国国君。夷吾感觉重耳的存在对自己是一个威胁，就派人去暗杀重耳。

重耳听到这个消息，跟赵衰等商量道："当初我逃亡到翟国，并不是认为翟国可以作为依靠，而是因为距离晋国很近，所以到这里来歇歇脚。现在已经歇够了，应该迁到大国去。齐国的齐桓公喜欢做善事，而且一心想当霸主，我们何不去请他帮忙呢?"于是他们就出发到齐国去。临行前重耳对他的妻子说："等我二十五年，如果二十五年之后我还没回来，你就改嫁。"他的妻子笑着说："等到二十五年后，我坟上的柏树都已经长大了。虽然说是这样说，我还是会等你的。"

重耳带着他的随从离开了翟国。经过卫国的时候，他肚子饿了，向一个在田间耕地的乡下人讨饭。那个乡下人见他是贵族模样，对他很反感，就用碗装了一些土块端给他，说："拿去吧。"重耳觉得受到了戏弄，大发脾气。赵衰安慰他说：“他向您献上土，这预示您将拥有土地，您应当恭恭敬敬地接受它。”重耳的心情才平静下来。

重耳一行备尝艰辛，辗转来到齐国。此时的齐桓公已经年老，对重耳招待得十分周到，不仅安排住处，供给车马饮食，还把宗室的一个美女齐姜嫁给重耳作夫人。后来，齐桓公去世，齐国的五个公子争夺王位，齐国国势渐渐衰落下来，重耳的手下意识到再待在齐国没有任何好处，私下里商量着要离开齐国。

可是，重耳迷恋于眼前的安逸生活，整天跟齐姜厮守在一起，再也不想离开齐国了。手下人连见他一面都不容易，更甭提规劝他了。魏犨早就看不惯，说：“我们认为公子是个有作为的人，才心甘情愿地跟着他东奔西跑。现如今他只知道吃喝玩乐，守着老婆，难道一辈子就这样过下去吗?”重耳的舅舅狐偃说：“大家不要急，要让公子振作起来，我倒有个办法。”赵衰说：“你有什么妙计?”狐偃说：“这里不是说话的地方。”于是在城外桑树林的深处，一群人围坐在地上密谋带重耳逃跑的计划。

谁知隔墙有耳，齐姜的几个侍女正在采桑叶，偷听了他们的谈话，回去后就一五一十告诉了齐姜。齐姜深明大义，怕侍女们走漏消息，对重耳不利，便悄悄把她们杀了。然后，齐姜对重耳说：“听说您要离开齐国了?”重耳说：“谁说的，这里挺舒服，有你陪着，我哪儿也不想去。”齐姜劝道:“您放心走吧！一味贪图享乐，只会把你毁了。听说，夷吾已经在晋国闹得众叛亲离，公子趁这个机会回国，一定能得到大位，创立霸业。”重耳却没放在心上。

第二天，天蒙蒙亮，赵衰、狐偃来叫重耳，重耳正鼾声如雷。齐姜把狐偃叫了进来，问他有什么事。狐偃说：“以前公子在翟，天天

乘车驾马，进行户外活动。现在公子好久没有锻炼身体了，我们怕他闷得慌，想请他去打猎。”齐姜笑着说：“你们不用瞒我了。你们商量的事，我都知道了。我很敬佩你们一片忠心，我自己也劝公子离开齐国，可他就是不听。这次，我一定帮你们。今晚，我请公子喝酒，将他灌醉。你们趁天黑把他拉出城去。”狐偃听了齐姜这一番不同寻常的话，不禁肃然起敬。

红烛摇曳，酒席丰盛，美人相陪，重耳开怀畅饮。加上齐姜不断劝酒，重耳不一会儿就醉得不省人事了。狐偃等人七手八脚地把重耳抬上车，连夜出了城。一气跑了五六十里，他们才放慢了脚步。这时候正值雄鸡啼晓，东方发白。重耳翻了翻身，感到摇晃得厉害，睁开眼一看，才知道自己是睡在车上，又不知到了什么地方，顿时大怒，骂道：“你们想造反吗？为什么不和我商量就把我弄出了城？”他从魏犨手里夺过戈就向狐偃刺去。狐偃毫不躲避，说：“能让你成功地逃跑，我狐偃被你杀死也心甘情愿。”重耳的矛头直指狐偃的喉尖，道：“要是逃跑不能成功，我剥了你的皮，吃了你的肉。”狐偃答道：“要是逃跑不成，我的肉也是又腥又臊的，哪里能吃。”大家婉言相劝，重耳才无可奈何地丢下了手中的矛。

一行人流浪到曹国、宋国、楚国、最后到了秦国，一晃又是六年。秦穆公热烈地接待他，并把五个女子许配给他，其中有秦穆公的亲生女儿怀嬴。秦晋两国的婚亲关系延续了很久，遂有“秦晋之好”的成语。

秦穆公决定帮助重耳，以加强秦晋关系，便派三千军队送重耳回国去当国君。

来到黄河渡口，上船的时候，管行李的壶叔小心地把所有的东西都搬上船。他忘不了以前跟随重耳逃难时饿肚子、煮野菜的情形，所以把吃剩的凉饭、咸菜，穿过的旧衣裳、破鞋什么的都一一收拾起来。重耳见了哈哈大笑，说：“我今天回晋国当国君，要什么有什么，还要这些破烂干什么？”说罢，叫人把这些东西全扔到岸上。

狐偃见状，不由得倒吸了一口凉气，心想：“公子还没富贵，倒先忘了贫贱。以后如果他喜新厌旧，把我们这些同甘苦、共患难的人也像破烂一样扔掉，岂不白受了这么多年的逃难之苦？还不如现在尚未渡河，辞他而去吧。”

狐偃拿着秦穆公送给他的一对白玉，跪在重耳面前说：“如今公子过河便回到了晋国，内有大臣，外有秦国，我也放心了。我想留在这里做您的外臣。献上这对白玉，以表我的一点心意。”

重耳吃了一惊，说：“我全靠舅舅帮助才能有今日。如今正该回去同享富贵才是，为何说出这样的话来？”

狐偃说：“从前公子在患难中，我多少也许有点用处。现在您回去做国君，将会有一批新人辅佐。我跟随您奔走数年，担惊受怕，心力交瘁，就像旧衣、破鞋一样，带回去能有什么用处？”

重耳羞愧得流下泪来，说：“舅舅责备得对，全是我不好。”他命人将破烂家什搬回船上，对着黄河起誓道：“我回国后，如果忘了大家的功劳，不同心共理朝政，将不得好报！”说罢，将一对白玉扔入河中。

此时晋惠公已经死了，他的儿子即位，是为晋怀公。晋怀公畏惧重耳回国夺权，遂下令狐突召回两个儿子狐毛与狐偃，意欲削弱重耳的势力。狐突看出晋怀公的地位岌岌可危，说了一番大道理，就是拒不执行怀公的命令。晋怀公年轻气盛，杀了狐突。狐突之死，将晋国

公卿彻底推向了重耳一方。

公元前636年正月，重耳在秦兵的护送下，回到阔别二十年的晋国，入国都绛，即位。晋怀公逃到高梁，不久被杀。

晋国的大臣们迎接公子重耳，立他为国君，就是晋文公。

然而，晋怀公旧臣吕省、郤芮二人联合勃鞮密谋兵变，欲推翻重耳。勃鞮回想以前两次刺杀重耳不成，现在他即位，受到大家的拥护，如果再行不道，下场难料。于是，他铤而走险地去见晋文公，晋文公开始时恨不能剥了他的皮，勃鞮说“我以前只知献公、惠公，而不知有你。如今你继承君位，识时务者为俊杰，我来投靠你，是为了你的生命和晋国的前程。”晋文公见勃鞮话里有话，连忙降阶相问，勃鞮把吕省二人的阴谋全盘脱出，重耳大惊。吕省、郤芮见事情败露，逃往秦国，被秦穆公诛杀。勃鞮由罪臣一跃成了功臣。

当年重耳从翟国匆匆出逃时，掌管财经大权的头须，趁机把全部钱财拿走潜逃了，以致重耳一行穷困潦倒，一路上只能半饥半饱，也引出了介子推“割股啖君”的千古佳话。

重耳即位后，大赏有功之臣。但晋惠公、晋怀公时期的旧臣都担心晋文公的处罚，迟迟不敢出仕。一日，头须突然冒出，他要向晋文公讨官做。晋文公不由气急败坏，严词拒绝。头须说：“许多旧臣不是都不敢重新出来工作吗，我有办法。以前我虽有罪于你，但与你有杀身之仇的勃鞮都能重用，何况我呢？你不如让我做你的御马官，大街上人们纷纷知道你不计前嫌，任用一个罪人，那些旧臣们就会消除顾虑的。”晋文公这人有个优点，就是从善如流，他欣然听取头须的意见，任他为御马史。

果然，旧臣们去除顾虑，纷纷出来就职，晋文公让他们官复原职、各司其责。

重耳当上国君后，注意整顿国内政治，发展生产，安定人心，晋国很快强盛起来，成为继齐桓公之后的又一霸主。

读史的人或许要问，重耳贪图安逸、不思进取，为什么竟得到那么多的人支持和拥护呢？其实，我们掩卷沉思，就会注意到重耳是一个能虚心听取别人意见、知错就改的人，作为一个君王，能做到这一点，不比认为自己很有能耐而自负好得多吗？这或许就是他能得到支持和拥护，最后成就大业的秘诀。

管仲之死

公元前 645 年春，为自己的理想、齐桓公的霸业而呕心沥血一生的管仲溘然与世长辞，享年约八十五岁。

管仲病危之时，齐桓公去探望，眼见管仲是难以痊愈了，于是同他谈起了谁能做他的接班人的问题。

齐桓公委婉地问道："仲父的病很重了，这是毋庸讳言的。若不幸而此病不愈，国家大政我将转托给谁呢?"

管仲回答说："可以转交给隰朋。隰朋的为人，有远大眼光而又虚心下问。我认为，给人恩德叫作仁，给人财物叫作良。用做好事来压服人，人们也不会心服；用做好事来熏陶人，人们就不会不心服。

治国有有所不管的政务，治家有有所不知的家事，这只有隰朋能做到。而且隰朋的为人，在家不忘公事，在公也不忘私事，事君没有二心，也不忘其自身。他曾用齐国的钱，救济过五十多户难民，而受惠者却不知是他。称得上大仁的，难道不是隰朋么?”

接着，管仲又对齐桓公的几个大臣进行分析说：“鲍叔牙为人耿直，但不能为国家牺牲其直；宾胥无为人好善，但不能为国家牺牲其善；宁戚为人能干，但不能适可而止；曹叔宿为人能说，但不能取信后就及时沉默。据我所知，按照消长盈亏的形势，与百姓共屈伸，然后能使国家安宁长久的，还是隰朋。隰朋的为人，行动一定估计力量，举事一定考虑能力。”

说到这里，管仲深深地叹了一口气说：“上天生下隰朋，本是为我作‘舌’的，现在我身子都死了，舌还能独活么?”

管仲知道齐桓公贪图享受，亲近小人。虽然他曾多次告诫齐桓公，要远离这些好比“城狐社鼠”的小人，但桓公一天也离不开他们。管仲健在之时，尚能控制这些小人，不至于祸国殃民。即便如此，也曾出现过齐桓公宠幸的阉人竖刁泄露军情的恶性事件。投鼠忌器，管仲虽然足智多谋，但对这些人也没有什么特别的办法。这些小人不除去，他为齐桓公辛辛苦苦创下的霸业终将断送在这帮人手中。

因而管仲又苦口婆心地劝齐桓公说：“东城有一只狗，动唇露齿，一天到晚准备咬人，是我用木枷枷住，才没有伤害人。现在的易牙，为了讨好您，竟然杀了自己的亲生儿子煮给您吃！这种人违背基本的人性，连自己的儿子都不爱，怎么能指望他爱您？您一定要除掉他。”

齐桓公点点头说：“好吧。”

管仲又说：“北城有一只狗，动唇露齿，一天到晚准备咬人，是我用木枷枷住，才没有伤害人。现在的竖刁，阉割了自己来服侍您。这种人不合常理，连自己的身体都不爱，怎么能指望他爱您？您一定要除掉他。”

齐桓公也表示同意。

管仲又说：“西城有一只狗，动唇露齿，一天到晚准备咬人，是我用木枷枷住，才没有伤害人。现在的卫公子开方，抛弃了自己的父母来追随您。连自己的父母都不爱，怎么能指望他爱您？您一定要除掉他。”齐桓公也点头答应了。

齐桓公时代的结束

正如管仲所料，在他这个“身子”去世后十个月，隰朋这个“舌”也去世了。齐桓公先是接受了管仲的劝谏，把易牙、竖刁和卫公子开方三个佞臣赶出了宫廷，但不久就感到少了这几人吃也吃不好，玩也玩不好，生活很不愉快，心想“仲父未免对这几人有成见”，于是又把这三人召了回来。

管仲、隰朋相继去世之后，齐桓公就以自己的方式去处理诸侯之事。就在管仲去世不久，楚国进攻新倒向中原的徐国。齐桓公召集鲁、宋、陈、卫、郑、许、曹各国国君在牡丘（今山东聊城东北）会盟，商量救徐之策。会上约定，各国之师在卫国的匡地（今河南睢县西）

集结，一同救徐，但在当年七月进攻楚的同盟国厉国的国家却只有齐国和曹国的军队，而其他诸侯实际上并没有参加救徐的行动。这在管仲在世时是没有过的事，说明这时齐国的号召力已大大降低了。楚国见除了曹国之外，其他中原诸侯都没有再追随齐国，估计齐、曹之师一时也难以攻下厉国，也就没有回师救援厉国，而是继续猛攻徐国，并于这年冬天在娄林（今安徽泗县东北）打败了徐军。

就在齐、曹军队攻打厉国之时，宋国却乘曹国内部空虚，以曹国在三十七年前曾追随齐国讨伐宋国背“北杏之盟”为借口，出兵攻打曹国。曹国受到宋国攻击，只好回师自救，结果齐、曹攻厉之师无功而返。宋国竟然攻打唯一追随齐国伐厉的同盟国，确实是目无霸主，而齐桓公对这事却是睁一只眼闭一只眼。一来是因齐桓公与宋襄公关系很好，二来也是齐国的实力已大不如以前。

公元前644年夏，齐国又单独出兵攻打厉国，结果仍然是无功而返。为了挽回霸主的面子，齐桓公在返回时又打出了救徐的旗帜。管仲在世时，齐国的军事行动一般都有许多中原诸侯的支持，而齐国的这两次伐厉，第一次只有小国曹国参加，第二次则没有任何国家参加了，可见齐桓公的霸业在这时确实是日落西山了。

这年秋天，周襄王因为戎人不断对周进行骚扰，请求齐国援助，于是齐桓公召集诸侯戍周。不久，曾国又以淮夷的侵凌为由向齐国求援，齐桓公又召集鲁、宋、陈、卫、郑、许、邢、曹国国君在淮地开会，商量如何安定曾国。齐桓公本来打算让诸侯之师向淮夷的根据地进攻，大概是由于各诸侯国都不太愿意，结果只是帮助曾国修筑城池。由于参加修筑城池的工匠害怕瘴气，在一天夜晚爬到山丘上高喊“齐国有内乱”，城没有修好齐军就匆匆撤退了。

第二年（前643年）春，齐国又与徐国一道进攻曾追随楚国攻打徐国的英氏，以报娄林之仇。在齐桓公召集诸侯在淮地开会之时，鲁僖公却乘诸侯把注意力放在曾国之上，悄悄派鲁军灭掉了项（今河南项城）这个小国。齐桓公见自己的女婿也敢和自己作对，大怒，把鲁僖公扣留了下来。鲁僖公的夫人声姜因其夫被执，就在这年秋天与其父齐桓公在卞地会面，请求齐桓公放了鲁僖公。

齐桓公有三个正夫人，即周王室的女儿王姬、徐国的女儿徐嬴和蔡国的女儿蔡姬，但都没有为他生下儿子。齐桓公是一个好色之徒，宫中妇人很多，他自己也承认“寡人有污行，不幸好色，姑姊妹有未嫁者”。其中受到宠幸的有六人，她们每人又都生有儿子。卫国的女儿大卫姬生公子无亏（武孟），少卫姬生公子元（后来的齐惠公），郑国的女儿郑姬生公子昭（后来的齐孝公），葛国的女儿葛嬴生公子潘（后来的齐昭公），密国的女儿密姬生公子商人（后来的齐懿公），宋国华氏的女儿华子生公子雍。由于没有嫡子，这些公子都有资格继承君位。管仲在世时，齐桓公曾与他商议立公子昭为太子，并把公子昭托付给宋襄公。

易牙因善烹饪，很得齐桓公宠爱，又有宠于大卫姬。易牙与竖刁及大卫姬相互勾结，说服齐桓公立大卫姬之子武孟为太子，齐桓公竟然也同意了。实际上到管仲去世之时，齐桓公仍然没有正式确定立谁为太子。正因为如此，管仲去世后，上述的五个公子都在公开争夺太子之位。

管仲在世之时，齐桓公几乎把所有的政务都交给了他，自己则轻轻松松地坐在霸主的宝座上尽情享受。管仲去世之后，所有繁重的政务一下子全都压在逍遥自在惯了的齐桓公身上，使他喘不过气来。加

之齐国在政治舞台上的地位日渐下降，而国内又陷入了最令人头痛、最为棘手的立嗣之争，这使年事已高又因好色而掏空了身子的齐桓公承受不住了。

公元前643年的冬天，齐桓公卧病不起。易牙和竖刁等乘桓公病重之际发动政变，把齐桓公住的寿宫的门窗全部封死，还在外面筑起一道围墙，不许人进去。有一个宫女冒险翻墙来到齐桓公住处，见到了已经很多天没吃没喝的齐桓公。齐桓公有气无力地哀告："我想吃点东西。"宫女悲伤地摇摇头回答说："我找不到吃的。"齐桓公又哀告："那给我一点水吧!"宫女泣声道："我也找不到水。"齐桓公想到自己一世英雄，现在竟落得这般下场，全是因为没有听管仲的话，不禁老泪纵横，悲愤地叹道，"圣人真是高瞻远瞩呀！如果死者有知，我有什么面目去见管仲父!"遂蒙衣而死。

齐桓公死后，他的儿子们为争夺君位而相互厮杀，齐国的霸业则随着晋、楚的兴起而骤然衰落了。但是，由于管仲的变法改革比较深入，涉及的层面比较广，时机又比较好，所以尽管齐桓公的后继者一代不如一代，至春秋之末，齐国仍然不失为一东方大国。

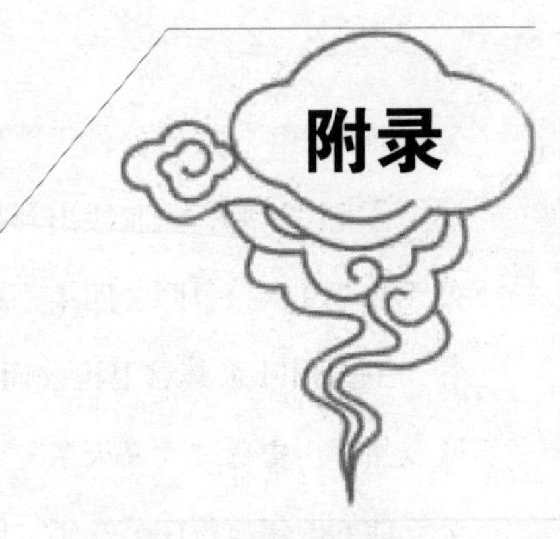

春秋大事年表

公元前 722 年（鲁隐公元年，东周平王四十九年）

郑庄公克段于鄢，太叔段出奔共（今河南辉县）。

公元前 719 年（鲁隐公四年，周桓王元年）

春，卫国州吁杀其君卫桓公而自立。九月，卫国卿大夫石碏杀其子石厚及州吁。史称“大义灭亲”。

公元前 686 年（鲁庄公八年，周庄王十一年）

齐襄公为齐大夫所杀，齐国公子纠与管仲奔鲁，公子小白与鲍叔奔莒。

公元前 685 年（鲁庄公九年，周庄王十二年）

齐国公子小白回到齐国，杀公子纠，立为国君，是为齐桓公。

公元前 678 年（鲁庄公十六年，周僖王四年）

周僖王封晋国的曲沃武公为晋侯，至是，武公完全吞并晋国。

公元前 656 年（鲁僖公四年，周惠王二十一年）

正月，齐桓公率诸侯之师伐楚，齐、楚订立盟约。十二月，晋国有“骊姬之乱”，太子申生自杀，公子夷吾、重耳出奔。

公元前 655 年（鲁僖公五年，周惠王二十二年）

十二月，晋国借道虞国灭掉虢国，回师又灭掉虞国。

公元前 651 年（鲁僖公九年，周襄王二年）

齐桓公与各国诸侯盟于葵丘，确立了霸主地位。晋献公卒。齐桓公率诸侯之师平定晋国内乱，迎纳夷吾回到晋国，是为晋惠公。

公元前 647 年（鲁僖公十三年，周襄王六年）

秋，戎族攻伐东周，齐桓公派各诸侯去保卫周室。冬，秦国运送粮食到晋国，帮助晋国救灾。

公元前 645 年（鲁僖公十五年，周襄王八年）

秦晋韩原之战，晋国失败，晋惠公被秦国俘虏。

公元前 643 年（鲁僖公十七年，周襄王十年）

齐桓公卒，齐国内乱。

公元前 639 年（鲁僖公二十一年，周襄王十四年）

秋，宋襄公会诸侯于盂（今河南睢县），楚国俘虏了宋襄公并攻打宋国。

公元前 638 年（鲁僖公二十二年，周襄王十五年）

十一月，宋国与楚国交战于泓水（今河南柘城西北），宋国战败。

公元前 636 年（鲁僖公二十四年，周襄王十七年）

晋公子重耳回国即位，是为晋文公。

公元前 635 年（鲁僖公二十五年，周襄王十八年）

晋文公平定东周王室之乱，取得南阳（今河南济源、温县）之地。

公元前 632 年（鲁僖公二十八年，周襄王二十一年）

晋楚城濮之战，楚国战败，晋国称霸中原。

公元前 621 年（鲁文公六年，周襄王三十二年）

秦穆公卒，殉葬者 177 人。

公元前 607 年（鲁宣公二年，周匡王六年）

赵穿弑其君晋灵公。

公元前 606 年（鲁宣公三年，周定王元年）

楚庄王伐陆浑之戎，问九鼎轻重。

公元前 597 年（鲁宣公十二年，周定王十年）

晋楚邲（今洒南荥阳东北）之战，晋国失败。

公元前 594 年（鲁宣公十五年，周定王十三年）

鲁国实行税亩制。晋国灭赤狄潞氏。

公元前 590 年（鲁成公元年，周定王十一年）

鲁国作丘甲，增加军赋。

公元前 589 年（鲁成公二年，周定王十八年）

齐晋鞍（今山东济南）之战，齐国大败。

公元前 585 年（鲁成公六年，周简王元年）

晋、卫、郑三国及伊洛、陆浑、蛮氏之戎的联军进攻宋国，却无功而返。

公元前 578 年（鲁成公十三年，周简王八年）

秦晋麻燧（今陕西泾阳北）之战，秦国失败。

公元前 575 年（鲁成公十六年，周简王十一年）

晋楚鄢陵（今河南鄢陵县）之战，楚国失败。

公元前 573 年（鲁成公十八年，周简王十三年）

晋国卿大夫栾书、中行偃杀晋厉公，晋悼公立。

公元前 562 年（鲁襄公十一年，周灵王十年）

鲁国季孙氏、孟孙氏、叔孙氏三家瓜分公室的三军，各得其一；晋国与楚国争霸，再次率齐、鲁等国军队攻打与楚结盟的郑国，迫使郑国服从晋国。

公元前 555 年（鲁襄公十八年，周灵王十七年）

冬，晋国与鲁国攻伐齐国，进入齐国都城临淄。

公元前 548 年（鲁襄公二十五年，周灵王二十四年）

齐国大夫崔杼弑其君，齐庄公卒。

公元前 546 年（鲁襄公二十七年，周灵王二十六年）

晋、楚、齐、鲁、郑等国的卿大夫在宋国举行弭兵之会。

公元前 544 年（鲁襄公二十九年，周景王元年）

吴国公子季札聘使鲁、卫、晋等国，吴国始与中原国家交往。

公元前 538 年（鲁昭公四年，周景王七年）

郑国作丘赋。

公元前 536 年（鲁昭公六年，周景王九年）

郑国铸刑鼎，以为国家常法。

公元前 529 年（鲁昭公十三年，周景王十六年）

楚国内乱，楚灵王被杀，楚平王立。

公元前 516 年（鲁昭公二十五年，周敬王四年）

东周王室动乱，周大夫王子朝及召氏、毛氏、尹氏、南宫氏奉周之典籍奔楚。

公元前 515 年（鲁昭公二十七年，周敬王五年）

吴国公子光刺杀吴王，自立为王，是为吴国阖闾。

公元前 514 年（鲁昭公二十八年，周敬王六年）

晋国灭掉祁氏、羊舌氏两族，六卿势力增强。

公元前 506 年（鲁定公四年，周敬王十四年）

吴攻楚，破楚国郢都，楚王奔随。

公元前 494 年（鲁哀公元年，周敬王二十六年）

吴国灭越国，越王勾践保于会稽。

公元前 482 年（鲁哀公十三年，周敬王三十八年）

吴王夫差北上与鲁哀公、晋定公在黄池（今河南封丘）会盟。

公元前 481 年（鲁哀公十四年，周敬王三十九年）

齐国常弑其君齐简公于徐州，立简公弟骜为君，是为齐平公。

公元前 473 年（鲁哀公二十二年，周元王三年）

越王勾践灭吴。

参考文献

[1] 王贵民，应永深，杨升南．春秋史话[M]．北京：中国国际广播出版社，2007．

[2] 左丘明．左传[M]．郭丹，等，译．北京：中华书局，2012．

[3] 张力．管仲评传[M]．四川：四川大学出版社，2005．

[4] 童书业．春秋史[M]．上海：上海古籍出版社，2010．

[5] 姜明星．2600 年前的大国崛起：齐桓公称霸天下[M]．济南：济南出版社，2010．

[6] 吕思勉．先秦史[M]．北京：中国友谊出版公司，2009．

[7] 王学东．管仲[M]．北京：解放军出版社，2006．

[8] 南宗丘．春秋霸事笔记[M]．北京：长征出版社，2008．

后　记

本系列图书详细介绍了中国历史上的十大战争，以独特的角度展现了波澜壮阔的中华文明史、可歌可泣的民族融合史，展现了古代将领的卓越智慧和军事谋略。为此，本系列图书的作者付出了辛勤的劳动和汗水。

本书的出版，还得到了中国财富出版社的大力支持，在此，谨向社领导和编辑同志表示由衷的感谢！

本书在编撰过程中参考了大量资料，其中有历史文献、学者著作，也不乏一些历史爱好者们所著的图书。所参考资料大部分已经过作者同意，并已付予适当稿酬，但也因为各种原因，有些参考图书的作者无法联系上。如书中观点、内容雷同于贵君所著书籍，烦请您及时与我取得联系，获得稿酬。

联系人：姜正成

邮　箱：945767063@qq.com